Maria Sartor

SELBST RÄUCHERN

Fleisch, Fisch und Geflügel

Land & WERKEN

Impressum

HEEL Verlag GmbH
Gut Pottscheidt
53639 Königswinter
Tel.: 02223 9230-0
Fax: 02223 9230-13
info@heel-verlag.de
www.heel-verlag.de

11. Auflage 2025

Autorin: Maria Sartor
Satz und Gestaltung: Ralf Kolmsee, F5 Mediengestaltung, Königswinter
Covergestaltung: Ralph Handmann, Bonn
Lektorat: Christine Birnbaum, Petra Hundacker

Bildnachweis:
Photocuisine, Potsdam: Seite 6, 8–9, 10, 29, 37, 38–39, 50, 60–61, 75, 78–79, 82–83
Stockfood, München: Seite 14, 15, 16, 17, 27, 31, 32, 47, 48 unten, 52, 55, 58, 62, 78, 96, 103, 104, 108
Fotolia: Seite 27, 34, 35, 40, 42, 44, 46, 48 oben, 62, 66, 73, 82–83, 84–85, 93, 94–95, 114–115, 128
Pixelio: Seite 19, 21, 43, 123
Simone Riefke: Seite 24
Ramon Wink, WINK PHOTOGRAPHER GmbH: Seite 20
Beelonia GmbH: Seite 22–23
Coverbilder: Photocuisine (U1 oben); Fotolia (U1 Mitte, U1 unten, U4 Hintergrund)

Printed in Slovenia

ISBN 978-3-95843-327-4

Maria Sartor

SELBST RÄUCHERN

Fleisch, Fisch und Geflügel

Land & WERKEN

HEEL

Inhalt

Vorwort

Räuchern hat eine Jahrtausende alte Tradition und während all dieser Jahre hat sich der Vorgang selbst nicht verändert. Allerdings räuchern wir heute nicht mehr, um Lebensmittel haltbar zu machen, sondern um sie zu veredeln, sie geschmacklich zu verbessern. Aus der Konservierungsmethode wurde eine „sanfte" Garmethode. Räuchern hat aber auch etwas Nostalgisches, etwas, das uns in unserer hochtechnisierten Welt wieder etwas Bodenständigkeit vermittelt.

Es ist noch nicht lange her, dass ich Freunden bei einer Einladung zum ersten Mal etwas Selbstgeräuchertes servierte. Es gab Entenbrust auf Linsensalat. Offen gestanden war es eine Art Testessen. Ich arbeitete seinerzeit in der Redaktion einer bekannten Frauenzeitschrift und wir hatten gerade mit einer Serie über die verschiedenen Garmethoden begonnen. Das Thema „Räuchern im Wok" reizte mich besonders, ich wollte es unbedingt ausprobieren und meine Freunde daran teilhaben lassen. Wie ich in der Versuchsküche beobachten konnte, war es eine ganz einfache Angelegenheit und die Ergebnisse waren sehr lecker. Der Abend wurde jedenfalls ein voller Erfolg und meine Freunde waren nicht nur beeindruckt, sie wollten auch genau wissen, wie das geht.

Später beim Aufräumen der Küche erinnerte ich mich an meine Schulferien, die ich manchmal bei meinen Großeltern verbrachte. In unmittelbarer Nachbarschaft gab es eine Fischzucht und der Fischer räucherte seine Forellen, Karpfen, Hechte und Saiblinge in einem eigens dafür gemauerten Räucherofen in seinem Garten. Der Geruch von schwelendem Buchenholz und Wacholder, den sein Grundstück umgab, ist mir unvergesslich geblieben. Ich muss neun oder zehn Jahre alt gewesen sein, als mein Großvater einen frischen Lachs, den er von einem Freund geschenkt bekommen hatte, bei seinem Nachbarn beizen und dann in dem Rauch hängen ließ. Ein paar Tage später verspeisten wir zu zweit einige Scheiben des frisch geräucherten Fisches. Zum ersten Mal aß ich eine solche Delikatesse! Dieser zarte Fisch mit dem wunderbaren Aroma, auf dünnen Toastscheiben mit etwas saurer Sahne serviert, war etwas ganz Außergewöhnliches für mich, etwas, in dessen Genuss ja eigentlich nur Erwachsene kamen. Mein Großvater bemerkte mit Vergnügen, wie gut es mir schmeckte. An diesem Tag erhielt ich sozusagen meine kulinarischen Weihen.

Während ich so in meiner Küche saß und an meine Kindheit dachte, kam mir die Idee, einen richtigen Räucherofen anzuschaffen. Natürlich kann man Räucherlachs auch in hervorragender Qualität kaufen, aber wie alles Hausgemachte hat Selbstgeräuchertes eben doch eine ganz andere Geschmacksdimension.
Inzwischen habe ich viele Lachse und andere Fische sowie Geflügel und Fleisch selbst geräuchert, am Anfang nicht immer mit dem gewünschten Erfolg, aber die Ergebnisse wurden mit der Zeit immer besser. Lassen Sie sich also nicht entmutigen, Räuchern ist Erfahrungssache und dieses Buch soll Ihnen dabei helfen, sich Schritt für Schritt mit dieser besonderen Zubereitungsmethode vertraut zu machen.

Maria Sartor, Sommer 2010

Kapitel 1

Rund ums Räuchern

Kurze Geschichte des Räucherns

Als am Ende der letzten Eiszeit die großen Säugtiere wie Mammuts, Riesenhirsche und Steppenwisente ausstarben, veränderten sich die Lebensumstände des Menschen der Jungsteinzeit auf dramatische Weise. Zog er früher mit seiner Großfamilie den Tierherden hinterher, um durch die Jagd ihre Ernährung zu sichern, wurde er nun sesshaft, begann mit der Domestizierung von Ziegen und Schafen und betrieb Viehzucht an Ort und Stelle. Sammelte er vorher Früchte und Körner, baute er jetzt Pflanzen und Getreide in der Nähe seiner Behausungen an. Der Klimawechsel bescherte ihm Jahreszeiten, aber damit auch das Problem, dass er für den Winter einen Vorrat anlegen musste.

Es ist nicht dokumentiert, wann die Menschen der Urzeit damit anfingen, planmäßig Lebensmittel zu konservieren. Es gilt aber als gesichert, dass Salzen, Räuchern und Trocknen die ersten Konservierungsverfahren waren, die der Mensch anwendete.
Welche Art der Haltbarmachung bevorzugt wurde, hing von den örtlichen klimatischen Bedingungen ab. In trockenen Gegenden wie im Süden Europas, in Afrika und dem Vorderen Orient wurden Fleischstücke und Fische einfach zum Trocknen in die Vorratskammern gehängt. In Nordeuropa und in den feuchteren Regionen an den Küsten wurde Räuchern bevorzugt, man hängte die Lebensmittel einfach in den Rauchabzug der Häuser. Wie archäologische Funde nachweisen, gibt es diese Methode seit über 9000 Jahren.

Da die Menschen sich weder das Verderben der Lebensmittel erklären konnten noch wussten, wieso Lebensmittel unter bestimmten Bedingungen haltbar blieben, machten sie die Götter dafür verantwortlich. Insbesondere Rauch sollte die bösen Geister vertreiben. Auch in der Bibel ist davon die Rede: „Die bösen Geister fliehen vor Rauchwerk" (Tob. 8, Vers 2). Und wie man aus der Weihnachtsgeschichte weiß, waren Weihrauch und Myrrhe zum Räuchern kostbare Geschenke.

Bis heute wird in allen Religionen der Welt, auch in der christlichen, mit Rauch geläutert und gereinigt. Man denke an die „Rauhnächte" (auch „Rauchnächte"), zwischen Weihnachten und dem 6. Januar, wenn in ländlichen Gegenden Österreichs, Süddeutschlands und der Schweiz die Dämonen, die im vergangenen Jahr ihr Unwesen trieben, aus den Bauernhäusern und Stallungen vom Dorfpfarrer mit Weihrauch buchstäblich „ausgeräuchert" werden.

In den folgenden Jahrtausenden entwickelte der Mensch weitere Möglichkeiten, Lebensmittel haltbar zu machen, wie beispielsweise das Einlegen von Fisch und Fleisch in Öl oder von Gemüse und Früchten in Essig, Alkohol oder Honig. So erfand man in China – und nicht bei uns – das Sauerkraut: Kohl (auch anderes Gemüse) wurde eingesalzen. Die danach austretende Flüssigkeit vergärte mit Hilfe der Milchsäurebakterien aus der Luft und es entstand Milchsäure. Diese Milchsäure hatte einen konservierenden Effekt. Außerdem schmeckte der so behandelte Kohl nicht nur besonders gut, er war auch noch gesund und den Winter über haltbar.

In der Geschichte der Vorratshaltung spielte das Haltbarmachen von Fleisch und Fisch eine große Rolle, weil diese beiden Nahrungsmittel einerseits für die Ernährung des Menschen sehr wichtig waren, andererseits aber am schnellsten verdarben. Salzen war eine solche Methode und sie wurde schon um 2500 v. Chr. in Babylonien angewendet. Aber es dauerte noch gut zweieinhalb Jahrtausende, bis man im antiken Rom entdeckte, dass Salzen unter bestimmten Umständen das Fleisch rot färbte. Das dafür verwendete Meersalz, das man an der Mittelmeerküste erntete, enthielt nämlich das keimtötende Nitrit, das den Muskelfarbstoff stabilisiert (siehe Seite 30).

Doch erst der Holländer de Beukels beschrieb im 14. Jahrhundert, wie sich durch die Zugabe von Nitratsalzen zum Kochsalz die Konservierung des Fleisches verbessern lässt und es auf diese Weise auch noch seine appetitliche Farbe behält. De Beukels gilt daher als Erfinder des Pökelns, das sich übrigens von seinem Namen ableiten soll. Jetzt begann man damit, gepökelten Fisch und gepökeltes Fleisch anschließend zu räuchern und verbesserte dadurch sowohl die Haltbarkeit als auch den Geschmack. Außerdem konnte man Geräuchertes aus der Vorratskammer holen und es sofort genießen. Getrocknetes oder nur Eingesalzenes musste man erst lange kochen, beziehungsweise wässern, bevor man sich daran erfreuen konnte. Kein Wunder, dass Räuchern vor allem nördlich der Alpen über viele Jahrhunderte die beliebteste Konservierungsmethode war.

Bis ins 19. Jahrhundert gab es keine Alternativen zu den althergebrachten Methoden der Haltbarmachung. Erst die Erfindung der Konservendose durch den französischen Zuckerbäcker Appert und die 50 Jahre später von Louis Pasteur entwickelte Pasteurisierung – das Abtöten von Bakterien durch kurzzeitiges Erhitzen auf 60–90 °C – revolutionierte die Vorratshaltung. Aber seit die Kühltechnik in den 60er Jahren des letzten Jahrhunderts ihren Einzug in Privathaushalte gehalten hat, ist Einkochen überflüssig geworden.

Beim Räuchern war man allerdings auf den Geschmack gekommen und betrachtete es als Verfeinerung von Fleisch und Fisch: Rauchwaren gelten bis heute als Delikatesse und selbst Räuchern ist beliebter denn je.

Kleiner Überblick über die Geschichte der Lebensmittelkonservierung
(nach Stäudel u. Wöhrmann, 1997, „Geschichte der Lebensmittelkonservierung")

Ur- und Steinzeit	Salzen, Räuchern, Trocknen
9000 v. Chr.	Nutzung der haltbar machenden Eigenschaften von Milch, Honig, Pflanzensäften
3000 v. Chr.	Konservieren mit Öl (Mesopotamien)
circa 2000 v. Chr.	Einlegen in Essig (Ägypten)
circa 1000 v. Chr.	Gaslagerung: Speicherlagerung von Getreide mit Kohlendioxidbildung
24–79 n. Chr.	Plinius berichtet über Aufbewahrung von Obst durch abschließende Überzüge (Ton oder Wachs), außerdem über konservierende Eigenschaften von verschiedenen Säuren
circa 200 n. Chr.	Kühlen mit Verdunstungskälte (Römisches Reich)
circa 1000 n. Chr.	Einlegen in Alkohol (Arabien), Konservieren mit Milchsäure (Ostasien, Orient), Konservieren mit Zucker (Ostasien, Orient)
1353	Konservieren mit Zucker (Europa)
1397	Pökeln, evtl. schon 2500 v. Chr. (Babylonien) und 400 n. Chr. (Römisches Reich)
1647–1714	Denis Papin vollzieht die erste „Dosenkonservierung" von Fleisch. In seinem „Papinschen Topf", luftdicht und verschlossen, erhitzt und konserviert er Fleisch. Es bleibt aber bei einem Laborversuch.
1809	Nicolas Appert erfindet die Konservendose, d.h. Lebensmittel werden in luftdichte Gefäße gefüllt und im Wasserbad eine bestimmte Zeit erhitzt
1864	Louis Pasteur entwickelt die Pasteurisierung, die kurzzeitige Erhitzung von Lebensmitteln auf 60–90 °C zur Abtötung von Mikroorganismen
1937	Kältekonservierung durch Tiefkühlen auf -18 °C. Sie setzte sich aber erst seit Anfang der 60er Jahre des vergangenen Jahrhunderts in Haushalten durch.

Was passiert eigentlich beim Räuchern?

Während des Räucherprozesses werden Fisch oder Fleisch über einen gewissen Zeitraum Hitze und Rauch ausgesetzt. Auf diese Weise wollte man früher in erster Linie die Haltbarkeit erhöhen, denn durch den Rauch wird ihnen allmählich Feuchtigkeit entzogen und fäulniserregende Bakterien werden abgetötet. Heute räuchert man meistens deshalb, weil man dem Räuchergut eine besondere Schmackhaftigkeit und eine appetitliche Farbe verleihen will.
Der Rauch entsteht während des Schwelbrandes bzw. der unvollständigen Verbrennung – so die Fachterminologie der Chemiker – von Sägemehl, Sägespänen oder Holzscheiten.
Während des Schwelbrandes bilden sich im Rauch über 300 verschiedene Stoffe. Die wichtigsten davon sind:

- **Phenole** wirken antibakteriell und verhindern die Fettoxidation (Fleisch und Fisch werden nicht ranzig).
- **Formaldehyd** unterbindet das Wachstum von Hefen und Schimmelpilzen. Es sorgt außerdem für eine Quervernetzung der Proteine im Gewebe, während es gleichzeitig Wasser abspaltet. So entsteht die lederartige Haut des Fleisches.
- **Karbonsäuren (Ameisensäure, Essigsäure, Karbonsäure-Ester)** sind verantwortlich für das beliebte Räucher-Aroma.
- **Polyzyklische aromatische Kohlenwasserstoffe wie Benzpyren** sind Krebs erzeugende Stoffe und werden in modernen Räucheröfen herausgefiltert, bzw. das Räuchern erfolgt außerhalb deren Reichweite. Außerdem gelten gesetzliche Grenzwerte für den Gehalt an Benzpyren in Räucherware.

Neben den gasförmigen Stoffen befinden sich auch partikuläre Stoffe wie **Asche, Ruß, Teer** und **Harze** im Rauch, die sich auf die Außenhaut der Räucherware legen.

Räuchermethoden

Durch die klimatischen Unterschiede wurden auf allen Kontinenten bzw. in allen Regionen der Welt spezifische Räucherverfahren entwickelt. Luftfeuchtigkeit in Küstennähe einerseits oder kühles Klima in Gebirgsregionen andererseits führen zu unterschiedlichen Ergebnissen beim Räuchern. Man unterscheidet zwischen *Kalt-, Warm-* und *Heißräuchern.* Das heißt, der Räuchervorgang läuft bei verschiedenen Temperaturen ab, deshalb müssen unterschiedliche Räucherzeiten eingehalten werden.

Außerdem ist der Räuchervorgang in Räucherphasen und Frischluftphasen eingeteilt. Für eine Räucherphase wird „Smok", so nennt man das Räuchermaterial, in die Lade des Räuchergerätes geschüttet und angezündet. Sobald der Smok glimmt und sich Rauch entwickelt, beginnt der Räuchervorgang. Diese so genannte „Schüttung" wird während der Räucherung mehrmals wiederholt.

Das so genannte „Dielenräuchern" ist eine der ursprünglichsten europäischen Formen des Räucherns und wird vereinzelt auch heute noch so wie vor tausend Jahren betrieben. In einem großen Raum, einer Diele, wird der Rauch von einem offenen Herdfeuer oder durch schwelendes Sägemehl erzeugt. Die Raumtemperatur in der Diele wird nicht künstlich gesteuert, sondern von der durch offene Fenster oder Dachluken eindringenden Außenluft beeinflusst und daher auch vom jahreszeitlichen Wettergeschehen bestimmt. Dieser Räuchervorgang kann mehrere Monate in Anspruch nehmen.

Wie man was räuchert hängt weitgehend davon ab, was man mit dem Produkt vorhat: Heiß- bzw. Warmgeräuchertes ist zum baldigen Verzehr bestimmt, Kaltgeräuchertes ist über längere Zeit haltbar und man kann es daher im Vorrat halten. Die Haltbarkeit von kaltgeräuchertem Fisch oder Fleisch beträgt mindestens 14 Tage, von heißgeräuchertem 4–6 Tage. Vakuumverpackt hält sich Geräuchertes sogar bis zu 6 Wochen.

Katenräuchern

Eine früher sehr beliebte Art des Räucherns war das so genannte Katenräuchern. Katenrauch entsteht durch Verbrennen von Torf und Moos und erzeugt einen besonders rußigen Belag auf dem Räuchergut, aber auch ein intensives Raucharoma, das Kenner sehr schätzen. Allerdings sind in diesem Rauch auch viele Krebs erzeugende Substanzen vorhanden und der Hobby-Räucherer sollte aus diesem Grund auf das Katenräuchern verzichten. Gekaufte Produkte wie Katenschinken und Katenrauch-Hartwurst dagegen können Sie unbedenklich verzehren, weil diese gesundheitsschädlichen Stoffe bei deren Herstellung ausgeschlossen wurden.

Heißräuchern

Heißräuchern ist ein Prozess, bei dem rohes Fleisch oder roher Fisch normalerweise zwischen 65–200 °C über einen bestimmten Zeitraum gegart wird. Grundsätzlich gilt jedoch, je höher die Temperatur, desto kürzer die Räucherzeit. Vorher wird das Räuchergut in eine Salzlake gelegt und anschließend getrocknet.
Am besten schmeckt Heißgeräuchertes, wenn man es sofort genießt, generell ist es einige Tage haltbar. Diese Art der Räucherei ist die beliebteste, nicht nur bei Anglern und Campern, sondern längst auch in den Städten auf dem Balkon oder im Garten.

Heißräuchern von Fisch

Die gewaschenen und von Schuppen befreiten Fische werden für etwa eine Stunde in eine milde Salzlake eingelegt, abgespült und anschließend einige Stunden getrocknet. Im Räucherofen werden sie dann bei einer Temperatur zwischen 65–120 °C im heißen Rauch gegart. Die Räucherdauer beträgt je nach Fischart und Größe zwischen 30 Minuten und 2 Stunden. Forelle, Lachs und Aal sind die bei Räucherfans beliebtesten Fische. (Rezepte siehe Seite 40 und Seite 62)

Heißräuchern von Fleisch

Für das Heißräuchern von Fleischstücken oder Geflügelteilen gelten dieselben Regeln wie für Fisch: Zunächst werden sie in eine Salzlake gelegt, dann getrocknet und anschließend geräuchert. Nur bei größeren Fleischstücken wie beispielsweise Schinken ist es gegebenenfalls ratsam, ihn vor dem Räuchern zu kochen, damit er auch im Kern gar ist. Die Räucherdauer hängt auch hier von der Größe der Fleischstücke ab. (Rezepte siehe Seite 50 und Seite 75)

Warmräuchern

Warmräuchern erfolgt bei Temperaturen von 30–60 °C. Je nach Räuchergut dauert der Räuchervorgang 2–24 Stunden, wobei die relative Luftfeuchtigkeit bei 50–85 % liegen sollte. Es wird ohne Verlöschen des Glimmbrandes geräuchert, mit anderen

Worten, es gibt keine Frischluftphasen wie beim Kalträuchern. Aber es findet beim Warmräuchern auch kein Garprozess statt, das Räuchergut bleibt noch roh, gilt als besonders zart und saftig und wird von Kennern sehr geschätzt. Die Haltbarkeit von warmgeräuchertem Fleisch oder Fisch ist etwas länger als von heißgeräuchertem. Warmgeräuchert wird vorwiegend in der Lebensmittelindustrie, typische warmgeräucherte Produkte sind z. B. Brühwürstchen und Kassler.

Kalträuchern

Kalträuchern ist ein tagelanger bzw. wochenlanger Prozess, da die Räuchertemperatur nur zwischen 15 und 30 °C liegt. Allerdings ist Kaltgeräuchertes auch am längsten haltbar. Geräuchert werden vorwiegend Schinken und Würste, wozu entweder ein Räucherschrank verwendet wird, der eine spezielle Höhe haben muss, oder eine Räucherkammer, in die aus einem speziellen Ofen oder dem Schornstein des Hauses Rauch geleitet wird. Dabei gibt es hier meist auch keine kontinuierliche Rauchzuführung. Aber gerade die zwischenzeitliche Frischluftzufuhr ist bei diesem Räuchervorgang sehr wichtig.

Kalträuchern von Fisch

Fisch lässt sich wunderbar kalträuchern. Genauso wie Fleisch pökelt und trocknet man ihn, bevor er in den Räucherschrank kommt. Wie köstlich kaltgeräucherter Fisch schmeckt, wissen alle, die Räucherlachs lieben. Da aber in privaten Haushalten die Konservierung über eine längere Zeit nicht mehr an erster Stelle steht, ist heute eher die Heißräucherung das übliche Verfahren für Fisch. Kaltgeräucherter Fisch wird vorwiegend fertig gekauft.

Kalträuchern von Fleisch

Kaltgeräuchert werden Schinken und Würste vor allem, um sie länger haltbar zu machen. Man kann auch Wild und Geflügel, z. B. Wildschwein oder Putenbrust, kalträuchern. Dieses Verfahren dauert jedoch wesentlich länger und ist aufwändiger als Heiß- oder Warmräuchern. Das Fleisch wird gepökelt, ein Vorgang, der mehrere Tage, manchmal auch Wochen dauert (siehe Seite 30), dann spült man die Lake gründlich ab und hängt das Fleisch zum Trocknen an der Luft auf. Erst anschließend wird geräuchert. Wenn man keine richtige Räucherkammer hat, kann man auch in einem Räucherschrank kalträuchern, in den das Fleisch bei 15 bis höchstens 25 °C 2–6 Wochen eingehängt werden kann.

Auch dieser Räuchervorgang hat verschiedene Phasen: Räucherphasen und Frischluftphasen. Zunächst wird das Räuchermaterial (Smok) zum Glimmen gebracht und entwickelt Rauch. Ist die Schüttung verglimmt – meist nach einigen Stunden –, beginnt die Frischluftphase. Jetzt gelangt Außenluft in den Räucherschrank. Während des gesamten Räuchervorgangs wird die „Schüttung" mehrmals wiederholt. (Je nach Fleisch-, Schinken- oder Wurstart 3–5 Mal.)

Räuchern mit Flüssigrauch

Wenn Holz (bei Temperaturen bis zu 660 °C) verbrennt, entsteht Rauch, der bei Abkühlung kondensiert. Diese Kondensation wird aufgefangen und von unerwünschten Nebenstoffen wie Teer und Asche befreit. Man nennt diese Flüssigkeit, die aussieht wie braunes, dickflüssiges Öl, „Flüssigrauch".

In der Lebensmittelindustrie setzt sich die Verwendung von Flüssigrauch als hygienischere und praktischere Alternative zu Sägespänen immer mehr durch: Die Fleischwaren werden in eine temperaturgeregelte Kammer gefahren und mit Flüssigrauch besprüht. Je nach Produkt wird heiß oder kaltgeräuchert. Privatpersonen erlaubt der Gesetzgeber diese Variation noch nicht.

Ob Schinken aus dem echten Rauch oder der aus dem Flüssigrauch besser schmeckt – darüber kann man verschiedener Meinung sein. Welche Technik zum Einsatz kam, muss auf der Verpackung stehen: Beim Räuchern mit Holzspänen steht „Rauch" auf der Zutatenliste, bei Flüssigrauch stattdessen „Raucharoma".

Die verschiedenen Hölzer – und was den Rauch zusätzlich würzt

Welche Hölzer Sie fürs Räuchern verwenden wollen, ist zwar in erster Linie Geschmacksache, aber es muss in jedem Fall ein so genanntes Hartholz sein, ein Holz das wenig Harz enthält. Harze verursachen starken Ruß, der nicht nur den Geschmack erheblich beeinflusst, sondern auch gesundheitsschädlich ist. So ist beispielsweise das Holz von Tanne oder Kiefer, auch wenn es noch so würzig riecht, zum Räuchern nicht geeignet.

Das beliebteste Räucherholz stammt von der Buche. Es eignen sich auch andere harzarme Hölzer wie Eiche, Ahorn, Kastanie, Erle, Pappel, Akazie, Weide oder Obsthölzer wie Kirsche, Pflaume, Apfel oder Birne. Jedes Holz gibt sein eigenes, besonderes Aroma an das Räuchergut ab, deshalb ist es empfehlenswert, mit der geschmacksneutralen Buche anzufangen und erst dann mit anderen Holzarten zu experimentieren. Egal, welches Holz Sie verwenden, die Scheite müssen frei von Rinde sein, weil diese einen bitteren Geschmack an das Räuchergut abgibt. Außerdem müssen sie so trocken sein, dass sie brennen. Etwas Restfeuchte ist manchmal von Vorteil, weil es die Rauchentwicklung fördert. Und ganz wichtig: Holzscheite sollen naturbelassen und dürfen auf keinen Fall mit Chemikalien behandelt sein.

Spezialhölzer
Um dem Rauch eine noch würzigere Note zu geben, können Sie Späne von Hickory, Mesquite, Orangenbaum, Walnussbaum, Rebenholz oder Zeder, bzw. deren Mehle zum gewählten Räucherholz zugegeben. Neben einer schönen Farbe verleihen sie Fisch und Fleisch einen besonderen Geschmack.

Die folgenden Empfehlungen können nur eine grobe Richtlinie sein. Wenn Sie Lust zum Experimentieren haben, werden Sie sehr schnell herausfinden, welches Holz, bzw. welche Kombination von Hölzern Ihnen am besten gefällt.

Tipp:

Damit möglichst viel Rauch entsteht, besprühen Sie das zugefügte Spezialholz, die Kräuter oder Gewürze kurz mit etwas Wasser, bevor Sie sie auf die Räucherspäne oder das -mehl legen.

Buchenholz ist das Universalholz und kann für alles verwendet werden,
Erlenholz ist das Holz der Wahl für Krustentiere oder Fisch.
Obstbaumholz (Kirsche, Apfel, Pflaume) ist besonders gut für fetthaltigen Fisch wie Lachs, Hering, Makrele geeignet, aber auch für Schwein und Geflügel.
Walnussholz eignet sich hervorragend für Schweinefleisch.
Rebstockholz empfiehlt sich für Wild, Ente oder Rindfleisch und
Olivenholz verleiht Krusten- und Schalentieren einen besonderen Geschmack und eignet sich auch für Käse.

Und das sorgt für noch mehr Aroma
Noch feinere Geschmacksnuancen können Sie erzielen, wenn Sie den Spänen oder dem Mehl getrocknete Kräuter wie Rosmarin, Thymian oder Salbei zufügen, auch Zimtstangen, getrocknete Zitrone- oder Orangenschalen, Nussschalen, schwarzer Tee, Lorbeerblätter und Wacholderbeeren sorgen für einen besonders würzigen Rauch. Ihrer Fantasie sind keine Grenzen gesetzt, wenn Sie Spaß am Ausprobieren haben.

Gehacktes oder gemahlenes Holz
Ob Sie Scheite, Späne oder Mehl verwenden, hängt von der Größe des Ofens ab: Räuchern Sie z.B. in einem Räucherofen, können Sie Holzscheite verwenden. Die Stücke sollten aber nur halb so groß sein wie Kaminholz. Wenn Sie ein Tischgerät verwenden, ist selbstverständlich Räuchermehl das Mittel der Wahl. Grundsätzlich ist es so, dass sich die Regulierung des Feuers umso schwieriger gestaltet, je größer die Holzstücke sind.
Wie bereits erwähnt, sind Buchenspäne wegen ihres neutralen Geschmacks sehr beliebt. Im Handel finden Sie daneben häufig Späne von Eiche oder Erle. Am besten beginnen Sie mit einem dieser Hölzer und geben nach und nach andere Späne zu, bis Sie die Zusammensetzung erreicht haben, die Ihrem Geschmack am besten entspricht. Machen Sie sich Notizen, damit Sie ein erfolgreiches Ergebnis wiederholen können, und räuchern Sie während des Experimentierens nur ein bis zwei Fische oder Fleischstücke auf einmal, damit Sie nicht alles wegwerfen müssen, wenn etwas daneben geht. Räuchermehl oder -späne sollten Sie grundsätzlich nur im Fachhandel, wie in Anglerläden, in gut sortierten Haushaltswarengeschäften oder bei entsprechenden Adressen im Internet kaufen, weil dort nur schadstofffreies Räucherholz verkauft wird. Verzichten Sie lieber darauf, sich Sägemehl oder Späne bei einer Tischlerei zu besorgen. Darin befindet sich häufig auch Mehl von Span- oder Tischlerplatten, die mit synthetischen Bindemitteln behandelt wurden und bei der Rauchentwicklung gesundheitsschädlich sind. Das gilt auch für Sägemehl und -späne aus lackiertem oder imprägniertem Holz wie beispielsweise bei Bauholzabfällen, Weidezaunpfählen oder Bootsresten.
Mit Torf oder Moos sollten Sie ebenfalls nicht räuchern, weil dieses Brennmaterial während des Schwelbrandes viele gesundheitsschädliche Rußstoffe entwickelt.

Räuchergeräte

Es gibt ganz einfache Geräte, mit denen man sehr gut Räuchern kann – wenn man richtig mit ihnen umgeht. Statt des früher üblichen Holzfeuers verlässt man sich heute eher auf andere Hitzequellen wie Gas oder Strom. Oder man verwendet mit Spiritus betriebene Geräte, die man überall, beispielsweise im Garten oder auf dem Campingplatz, betreiben kann (siehe auch selbst gebaute Geräte, Seite 24).
Für den Privatbedarf genügen Kleingeräte, die es in unterschiedlichen Größen für 2–12 Portionsfische gibt. Sie funktionieren alle nach dem gleichen Prinzip: Das Räuchermehl, eventuell mit Gewürzen versetzt, kommt auf den Boden des Räucherofens. Das vorbereitete Räuchergut wird auf den Rost über dem Abtropfblech gelegt und das Gerät mit dem Deckel oder einer Klappe verschlossen. Dann wird die Heizquelle im Sockel des Gerätes eingeschaltet oder angezündet. Durch die Hitze beginnt das Räuchermehl zu glimmen und der sich entwickelnde heiße Rauch gart den Fisch oder das Fleisch.

Räuchern im elektrischen Räuchergerät
Ganz einfach ist es, in einem elektrischen Heißräuchergerät zu räuchern. Für vier Portionen genügt schon ein Tischgerät. Die Temperatur wird über ein Thermostat geregelt und die Garzeiten werden auf einer Zeitschaltuhr eingestellt. Zur Raucherzeugung nimmt man Räuchermehl und getrocknete Kräuter oder Gewürze, die in die Räucherpfanne gestreut werden. Das Gerät wird eingeschaltet, und wenn das Räuchermehl glimmt, stellt man zuerst die Auffangpfanne und dann den eingefetteten Rost mit dem Räuchergut in den Ofen. Jetzt wird die Klappe geschlossen und erst dann wieder geöffnet, wenn das Signal der Zeitschaltuhr ertönt. Die Vorteile dieses Räucherofens liegen auf der Hand: Man braucht nur eine Steckdose und muss nicht erst für Brennstoff sorgen. Außerdem muss die Räuchertemperatur nicht überwacht werden, sie ist immer exakt und das Räuchergut wird perfekt gegart.

Räuchern im Spiritusgerät

Spiritusgeräte sind eine preiswerte Alternative zu elektrischen Räucheröfen. Sie bestehen aus einem Spiritusbrenner, einer Räuchermehlpfanne, einer Abdeckschale, einem Rost und dem Gehäuse. Das Räuchermehl wird in die Pfanne gestreut und erhitzt. Wenn es glimmt, geben Sie Gewürze oder Kräuter darauf und setzen die Auffangschale ein. Dann wird das Räuchergut auf den eingefetteten Rost gelegt, den Sie über die Schale platzieren. Anschließend wird das Gerät mit dem Deckel verschlossen. Die Temperatur innerhalb des Ofens kann über 100 °C erreichen, seien Sie deshalb vorsichtig, wenn Sie den Deckel nach Ende der Räucherzeit wieder öffnen.

Räuchern im Profigerät

Wenn Sie jedoch vorhaben, die Räucherei nicht nur als Hobby, sondern ernsthaft, vielleicht sogar als Broterwerb zu betreiben, kommen Sie um die Anschaffung eines professionellen Räucherschrankes nicht herum. Gute elektrische Räucherschränke aus Stahl gibt es ab circa 1500 Euro aufwärts. Im Anhang finden Sie Hersteller-Adressen für alle Räucheröfen.

Wie man eine Räuchertonne selber baut
Wenn Sie handwerkliches Geschick haben, dann werden Sie vielleicht Spaß daran haben, einen Räucherofen selbst zu bauen. Das ist ganz einfach:

Sie benötigen dazu:
1 kleine Abfalltonne aus Blech, Fassungsvermögen circa 50 l
Schweißdraht, Durchmesser 2–3 mm
6 Ziegelsteine
Alufolie
1 saubere Konservendose

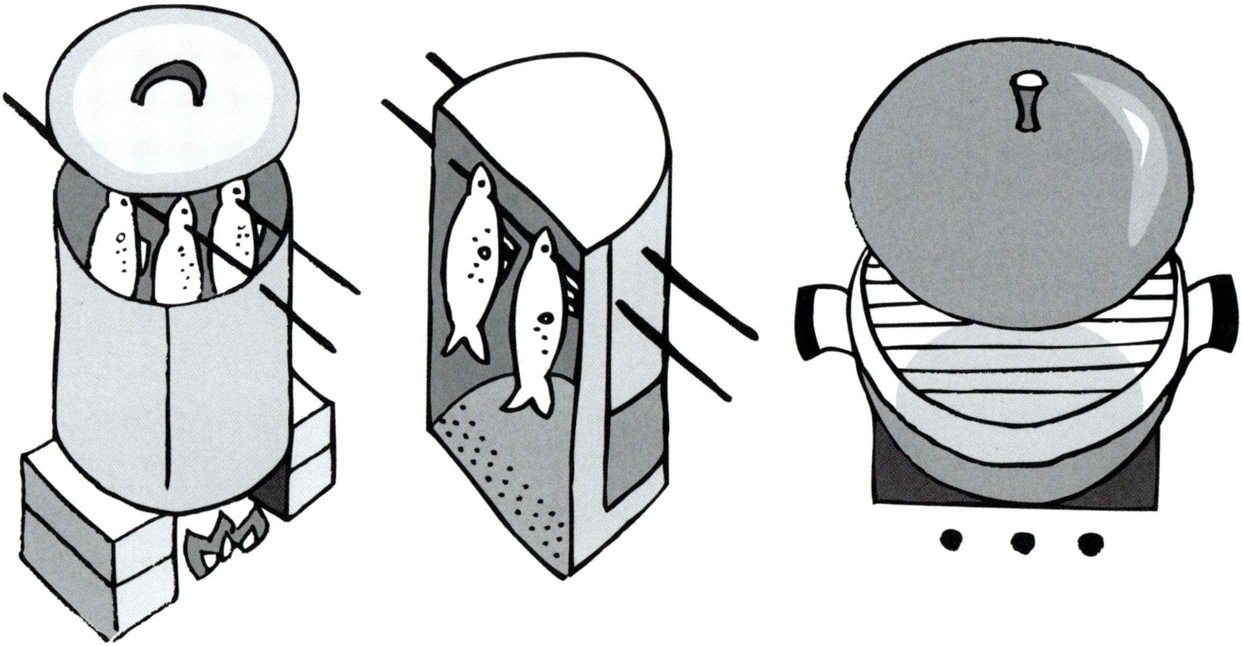

Eimer sind innen häufig mit einer isolierenden Lackschicht überzogen, die man nicht gleich erkennen kann. Sicherheitshalber sollten Sie ihn daher vor dem ersten Gebrauch ausbrennen, indem Sie ihn möglichst hoch erhitzen. Achten Sie beim Kauf darauf, dass die Eimernähte gefalzt sind und möglichst nicht gelötet, denn sonst könnten sie leicht schmelzen.
Bohren Sie auf jeder Seite nebeneinander zwei einander gegenüberliegende Löcher in das Blech, die mindestens 3 cm unterhalb des oberen Randes liegen, damit der Deckel auch bei eingehängtem Räuchergut dicht und fest schließt. Achten Sie darauf, dass die

Löcher, die Sie bohren, nicht größer sind als der Durchmesser des Schweißdrahtes, der später hindurch gesteckt werden soll, damit kein Rauch aus der Tonne entweichen kann.
Der Abstand der Löcher muss so groß sein, dass sich die Fische, bzw. die Fleischstücke während des Räucherns nicht berühren. Am besten legen Sie die Drähte vorher genau in der Position auf die Tonne, in der Sie sie anbringen wollen und markieren die zu bohrenden Löcher etwa 3 cm unterhalb auf der Außenwand der Tonne.

Räuchern in der selbstgebauten Räuchertonne
Ziehen Sie die Drähte aus den Löchern. Verteilen Sie 5–6 Esslöffel Räuchermehl auf dem Boden der Tonne. Damit kein Fett von Fleisch oder Fisch auf das glimmende Räuchermehl tropfen kann, decken Sie das Räuchermehl durch eine Alufolie ab, die etwas größer sein muss als der Durchmesser des Tonnenbodens. Sie fängt das herabtropfende Fett auf und somit können keine gesundheitsschädlichen Stoffe im Rauch entstehen. Um zu verhindern, dass das Fett am Rand nicht doch noch in die Glut gerät, biegen Sie die Folie hoch und drücken Sie sie an den inneren Tonnenrand. Es wird trotzdem genügend Rauch in die Tonne gelangen.
Legen Sie die Ziegelsteine zu je drei Säulen von zwei Steinen aufeinander und positionieren Sie sie in U-Form. In die Mitte stellen Sie die Konservendose, die halb mit Spiritus gefüllt ist. Zünden Sie den Spiritus mit einem langen Streichholz an und stellen Sie die vorbereitete Räuchertonne auf die Steine. Sobald sich genügend Rauch entwickelt hat, hängen Sie die Fleischstücke oder die Fische an Haken, die man in jedem Anglergeschäft kaufen kann oder stecken Sie sie auf Spitterstangen, die Sie in die Räuchertonne hängen (siehe auch Seite 26). (Spitterstangen sind Metallspieße – ähnlich wie Schaschlikspieße –, die an einem Ende spitz und am anderen Ende zu einer Schlaufe gebogen sind. Man kann sie in Anglerläden kaufen oder auch aus Draht selber machen. „Spitterstangen“ ist ein Begriff aus der Anglersprache.) Achten Sie darauf, dass Sie die Fleischstücke oder Fische so nebeneinander hängen, dass sie sich nicht berühren und auch nicht an die Alufolie oder den Tonnenrand kommen. Beides wird beim Räuchern sehr heiß und das Räuchergut würde verbrennen.
Sobald Sie das Räuchergut in die Tonne gehängt haben, drücken Sie den Deckel fest auf die Tonne, damit kein Rauch entweichen kann. Eventuell können Sie noch ein nasses Tuch über die Tonne legen, bevor Sie sie mit dem Deckel verschließen.
Solange der Brenner unter der Tonne steht, muss der Deckel geschlossen bleiben, da sonst Rauch und Hitze entweichen würden. Erst wenn die Räucherzeit vorbei ist, ersticken Sie die Spiritusflamme und öffnen vorsichtig den Deckel. Sobald der Rauch abgezogen ist, nehmen Sie das Räuchergut heraus und lassen es eine Weile abkühlen, bevor Sie es lauwarm servieren. Wenn das Gerät abgekühlt ist, reinigen Sie es. Schütten Sie das verbrannte Räuchermehl aus der Tonne und spülen Sie die Haken unter heißem Wasser ab. Säubern Sie auch die Aufhängevorrichtungen und schon ist das Gerät wieder einsatzfähig.

Tipp:

In Haushaltswaren- und Asialäden oder Geschäften für Campingausrüstungen bekommt man Spiritusdosen mit geliertem Spiritus. Diese Brennpaste verwendet man auch für Fondue und sie ist leicht zu handhaben.

Die richtige Aufhängung

Fische fallen leicht vom Haken, wenn sie nicht richtig angebracht sind, achten Sie deshalb immer auf die richtige Aufhängung. Sie können die Fische mit diversen Räucherhaken aufhängen, mit Hilfe von Spitterstangen und mit Schnüren, die Sie um die Fischschwänze schlingen.

Kehlhaken eignen sich für Aale und kleine Fische bis 200 Gramm.

Doppelhaken eignen sich für Forellen und Fischstücke.

S-Haken sind am gebräuchlichsten und eignen sich für alle Fische und Fleischstücke.

Alle Haken sollten aus rostfreiem Stahl oder Aluminium hergestellt sein.

Viele Hobbyräucherer verwenden **Spitterstangen,** die sie aus rostfreiem Draht selbst herstellen. Der Draht wird kurz unterhalb des Kopfes neben der Wirbelsäule durch den Fisch gestochen. Der Vorteil bei dieser Methode ist, dass man je nach Größe des Räucherofens gleich mehrere Fische auf einem Draht räuchern kann. Die Fische dürfen sich dabei aber nicht berühren (siehe Foto).

Räuchern im Bräter

Auch mit einem Bräter, am besten aus Gusseisen, oder einem großen Suppentopf, jeweils mit Rost, kann man kleinere Mengen wunderbar in der Küche räuchern. Sollten Sie keinen Rost haben, dann kaufen Sie einen im Haushaltswarengeschäft, es gibt sie in verschiedenen Größen. Beim Räuchern verfahren Sie wie bei der selbstgebauten Räuchertonne: Räuchermehl auf den Boden streuen, mit der Alufolie abdecken, den Rost mit dem Räuchergut auf die Folie setzen, den Deckel auflegen und den Bräter auf die Heizquelle stellen.

Räuchern im Wok

Die einfachste Räuchermethode für Anfänger ist das Räuchern im Wok. Zuerst legen Sie ein großes Stück Alufolie in den Wok, darauf streuen Sie 2–3 Esslöffel Räuchermehl und geben Kräuter oder Gewürze Ihrer Wahl darauf. Dann legen Sie ein Stück Alufolie darüber und verschließen den Wok mit dem Deckel. Erhitzen Sie das Räuchermehl auf der Herdplatte bei mittlerer Hitze. Fetten Sie den Rost ein und legen Sie das Räuchergut, z. B. eine Entenbrust, (siehe Rezept S. 57) darauf. Sobald das Räuchermehl zu duften beginnt, stellen Sie den Rost in den Wok und legen den Deckel sofort wieder auf. Auf Seite 57 lesen Sie, wie lange Sie beispielsweise eine Entenbrust räuchern müssen.

Räuchern im BBQ-Grill

Ein Kugelgrill eignet sich ebenfalls hervorragend zum Räuchern. Dazu legen Sie einige kurze, dünne Räucherholzscheite, z. B. Erle oder Buche, auf den Boden des Kugelgrills und zünden sie an. Dabei muss die Luftzufuhr unter dem Grill geöffnet sein, damit sie schön brennen. Sobald sich das Feuer gelegt hat und die Scheite nur noch glühen, schieben Sie sie mit der Feuerzange auf eine Seite des Grills und streuen angefeuchtete Spezialholzschnitze wie Hickory, Walnussbaum oder Rebenholz darauf. Auf den freien Platz neben der Glut stellen Sie nun eine Alupfanne. Sie dient zum Auffangen des tropfenden Fetts. Jetzt wird der Grill im Bereich über der Pfanne mit Öl eingepinselt und über der Glut eingehängt. Legen Sie das Räuchergut darauf und verschließen Sie den Grill mit dem Deckel. Wie lange geräuchert werden muss, finden Sie im Kapitel „Grundrezepte".

Damit alles klappt: Räuchertipps und -tricks vom Profi

Fehler	Ursache	Abhilfe
Es entwickelt sich zu wenig Rauch, das Smokmaterial erlischt oder brennt nicht durch.	Es wurde zu feuchtes Smokmaterial verwendet.	Trockenes Smokmaterial verwenden.
	Die Luftklappe ist möglicherweise zu stark geschlossen, es steht zu wenig Frischluft für die Verglimmung des Smokmaterials zur Verfügung.	Die Luftklappe sollte stufenlos verstellbar sein und den Räucherbedingungen angepasst werden können.
Es entwickelt sich zuviel Rauch, das Smokmaterial brennt zu schnell ab.	Das Smokmaterial ist zu lose gepackt oder zu trocken.	Das Smokmaterial muss dicht gepackt sein, um ein mögliches Aufbrennen zu vermeiden.
Eine übermäßige Austrocknung des Räucherguts mit ausgeprägter Randbildung.	Die Produkte werden zu warm geräuchert oder zu warm und zu trocken gelagert.	Die Räuchertemperatur reduzieren und die Lagerbedingungen optimieren.
Das Räuchergut beginnt zu schimmeln.	Das Räuchergut wurde nicht lange genug gepökelt.	Je nach Ausmaß Fleisch evtl. abwaschen, nachräuchern und schnell verbrauchen.
	Das Fleisch war nicht genügend vorgetrocknet.	Das Fleisch muss absolut trocken sein, bevor es in den Ofen kommt.
	Zu geringe Räucherung (Räucherrauch bewirkt durch seine Inhaltsstoffe eine Konservierung und hemmt die Schimmelbildung).	Die Dauer der Räucherung kontrollieren, evtl. für mehr Belüftung sorgen.
	Die geräucherten Produkte wurden zu lange bei zu hoher Luftfeuchtigkeit gelagert.	Die Feuchtigkeit im Lagerraum überprüfen; sie soll nicht über 70 % Luftfeuchtigkeit liegen – unter Umständen häufiger lüften.
Das Räuchergut ist verdorben.	Das Räuchergut hing zu dicht. Die Berührungspunkte der gehängten Stücke wurden vom Rauch nicht erfasst.	Die Räucherprodukte immer mit Abstand zueinander hängen.
	Die Hygiene im Lager- bzw. Reiferaum entspricht nicht den Standards.	Sauberkeit ist höchstes Gebot. Der Reiferaum muss häufiger gelüftet und die Luftfeuchtigkeit regelmäßig überprüft werden.
Vom Räuchergut tropft geschmolzenes Fett.	Die Räuchertemperatur ist zu hoch.	Die Temperatur muss regelmäßig kontrolliert werden. Bei fettem Speck ist besondere Vorsicht geboten.
Fische fallen vom Haken.	Die Fische sind nicht richtig aufgehängt worden.	Es sollten die richtigen, für Fische vorgesehenen Haken benutzt und diese richtig durchgesteckt werden (siehe Seite 26).
	Die Fische sind zu schwer.	Zu schwere Fische portionieren und die Stücke einzeln aufhängen (siehe Seite 26).
	Die Fische waren tiefgekühlt.	TK-Fisch ist nach dem Salzen mürber als frischer. Deshalb besonders sorgfältig am Haken befestigen.
Das Räuchergut hat einen untypischen Geschmack (Karbol, Terpentin, etc.).	Unangenehmer Geschmack kann durch verunreinigtes Smokmaterial hervorgerufen werden (Fremdbestandteile, Lackreste, etc.).	Die Qualität des Smokmaterials überprüfen.
	Das Smokmaterial war zu feucht gelagert.	Das Smokmaterial richtig lagern.

(Quelle: „Qualitätshandbuch für Fleisch und Fleischerzeugnisse", Wien 2006)

Kapitel 1

Zuerst wird gepökelt

Fisch, Geflügel und Fleisch für das Räuchern vorbereiten

Die Vorbereitung von Fisch, Fleisch und Geflügel und allem, was man sonst noch räuchern möchte, ist ebenso wichtig wie die Auswahl des Räuchermehls oder die Einhaltung der Garzeiten. Gepökelt oder gesalzen wird einerseits, um das Räuchergut zu konservieren, aber andererseits verbessert es auch seinen Geschmack. Und – auch das ist wichtig – Salz entzieht dem Räuchergut Feuchtigkeit, denn was geräuchert werden soll, muss möglichst trocken sein, wenn es in den Ofen kommt. Wenn Räuchergut gepökelt, bzw. gesalzen wird, setzt man eine physikalische Reaktion in Gang, die man in der Naturwissenschaft Osmose nennt: Die Pökellake dringt ins Gewebe ein und ersetzt das Wasser durch Salz.

Salz ist nicht gleich Salz

Pökelsalz ist eine Mischung aus circa 99,6 % Kochsalz und circa 0,4 % Natriumnitrit. Sie wird für die Herstellung aller Schinkenarten und Pökelwaren verwendet, um eine gute konservierende Wirkung zu erzielen. Die Bildung von Mikroorganismen wird durch das Pökelsalz stark gehemmt, darüber hinaus verbessert es auch den Geschmack. Mischt man dem Pökelsalz noch Zucker (Richtwert: auf 1 Kilogramm Pökelsalz kommen 10 Gramm Zucker) bei, erhält das Fleisch auch noch seine typisch rote, appetitliche Farbe. In einem komplizierten biochemischen Prozess entsteht Salpetersäure. Der Abbau dieser Säure wiederum führt zur Stickoxidbildung. Wenn sich Stickoxid mit dem roten Fleischfarbstoff (Myoglobin) zu Nitrosomyoglobin verbindet, wird er kochbeständig. Diesen chemischen Vorgang nennt man Umrötung: Ungepökeltes Fleisch wird beim Kochen grau, gepökeltes bleibt rot bis rosa.

Allerdings hat Nitritpökelsalz einen schlechten Ruf, es gilt als krebserregend und ist in Mengen über 5 Gramm giftig. Deshalb hat der Gesetzgeber Höchstgrenzen zwischen 50 und 250 Milligramm je Kilogramm festgelegt.

Wenn sich Nitrit mit bestimmten Aminosäuren verbindet, können Nitrosamine, also krebserregende Stoffe entstehen. Gepökeltes Fleisch oder gepökelter Fisch kann Spuren solcher Nitrosamine enthalten. Begünstigt wird die Bildung von Nitrosaminen, wenn gepökeltes Fleisch oder Fisch erhitzt wird. Größere Mengen bilden sich bei Temperaturen zwischen 170 und 185 °C. Deshalb ist es nicht ratsam, allzu oft gepökeltes und gegrilltes Fleisch zu verzehren. Besser ist es auch, gepökeltes Fleisch nur kalt oder warm zu räuchern.

Pökelsalz gibt es übrigens im Metzgereibedarf oder auch beim Metzger selbst fertig zu kaufen. Sie sollten es nicht selber mischen, denn das im Handel erhältliche Pökelsalz hat auf jeden Fall die richtige Zusammensetzung. Aber Sie können es nach Geschmack mit Kräutern und Gewürzen versetzen, so bekommen z. B. Schinken oder Gänsebrust eine ganz besondere Note.

Trockenpökeln
Bei diesem Verfahren wird Pökelsalz mit Kräutern, Gewürzen und etwas Zucker (10 Gramm pro Kilogramm Salz) versetzt und „trocken“ in das Fleisch eingerieben. Zucker begünstigt den Pökelprozess und rundet den Geschmack ab, denn er ist die „Nahrung“ für die im Fleisch enthaltenen, Aroma bildenden Bakterien.
Anschließend werden die Stücke in einer Wanne auf einen Rost gelegt, damit die sich bildende Flüssigkeit ablaufen kann. Je nach Größe der Fleischstücke kann die Trockenpökelung zwischen 2 und 6 Wochen betragen und sollte bei kühlen Temperaturen um 5 °C ablaufen. Danach wird das Fleisch gründlich gewässert, normalerweise legt man die Stücke für 8–10 Stunden in kaltes Wasser, das während dieser Zeit mindestens 2–3 Mal gewechselt werden muss.
Während der anschließenden Trocknungsphase kann es 1–2 °C wärmer sein, allerdings darf die Luftfeuchtigkeit keinesfalls mehr als 70 % betragen.

Nasspökeln
Wie beim Trockenpökeln werden die Fleischstücke mit der Pökelsalzmischung eingerieben und anschließend in der Pökelwanne geschichtet. Dann wird die vorbereitete Pökellake darüber gegossen. Das sollte allerdings so vorsichtig geschehen, dass das Salz nicht völlig von den Fleischstücken abgespült wird.
Das Nasspökeln ist vor allem für kleinere Fleischstücke (z. B. Lachsschinken) zu empfehlen und dauert auch nicht so lange wie eine klassische Trockenpökelung. Die durchschnittliche Pökeldauer ist abhängig von der Größe der Fleischstücke und beträgt etwa eine Woche. Auch das Verhältnis von Lake und Fleisch ist wichtig und sollte 1:3 betragen (1 Liter Lake auf 3 Kilogramm Fleisch). Verwendet man zuviel Lake, besteht die Gefahr, dass die Produkte versalzen. Verwenden Sie jedoch zu wenig, entstehen günstige Lebensbedingungen für unerwünschte Bakterien.

Tipp:
Eine hygienisch sichere Lake bekommen Sie, wenn Sie die mit Salz und Gewürzen vermischte Pökelflüssigkeit kurz aufkochen und ganz abkühlen lassen, bevor Sie sie über das Fleisch gießen.

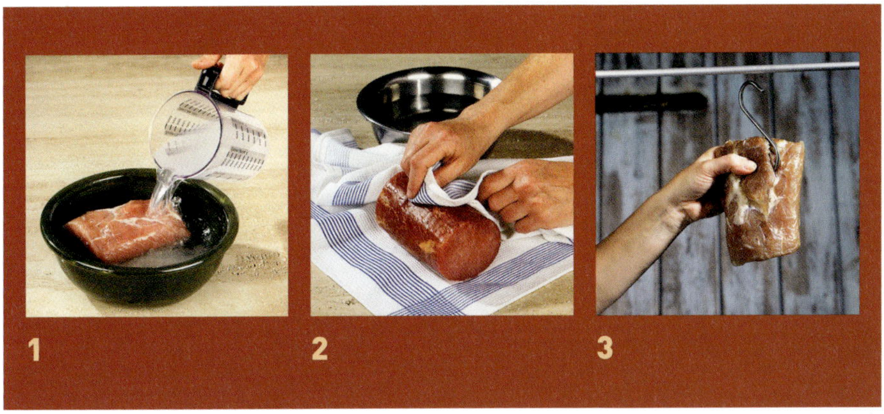

Der Lachsschinken wird nass gepökelt:
1. Nach dem Einreiben des Fleisches mit der Pökelsalzmischung und den Gewürzen wird der Schinken in einem Steingutgefäß nass in der Pökellake gelagert.
2./3. Nach der Pökelzeit von 2–6 Wochen wird das Fleisch gründlich gesäubert und an die frische Luft gehängt.

Kochsalz, Meersalz, Steinsalz
All denen, die lieber heißräuchern möchten, ist zu empfehlen, Fisch und Fleisch mit Kochsalz, Meersalz oder Steinsalz einzusalzen. Welches Salz Sie verwenden möchten, bleibt Ihnen überlassen, aber es sollte ohne Zusatzstoffe sein, die es besonders rieselfähig machen. Sie können dem Salz Ihrer Wahl natürlich noch Gewürze und Kräuter beimischen. Der Osmosevorgang ist der gleiche wie beim Pökeln, allerdings findet keine Umrötung statt.

Es gibt zwei Möglichkeiten, Fisch und Fleisch einzusalzen
Das *Trockensalzen* wird vorwiegend bei Fischen praktiziert. Der ausgenommene und sauber vorbereitete Fisch wird innen und außen mit Salz eingerieben und dann je nach Größe und Gewicht für einige Stunden in eine Wanne gelegt. Allerdings kann es bei dieser Art des Einsalzens zu ungleichmäßigen Salzkonzentrationen kommen.

Das *Nasssalzen* in einer Salzlake dagegen garantiert Ihnen einen gleichmäßigen Salzgehalt im Fisch. Der Richtwert für die Salzlösung ist: 60 g Salz auf 1 Liter Wasser. Für 1 Kilogramm Fisch brauchen Sie circa 1 ½ Liter Lake. Fisch oder Fleisch müssen vollständig von der Lake bedeckt sein und während des Vorgangs einige Male gewendet werden. Nach dem Einsalzen muss die Lake aus hygienischen Gründen weggegossen werden.

Wichtig:

Egal ob Sie trocken oder nass salzen, in jedem Fall muss die Wanne dunkel und kühl stehen (10–15 °C).

Auch wenn man glaubt, alles richtig gemacht zu haben, kann die Pökellake verderben und mit ihr das Fleisch oder der Fisch. Manchmal liegt es daran, dass

- die Salzkonzentration der Pökellake nicht hoch genug ist,
- der Lake zu viel Zucker beigegeben wurde,
- Fisch oder Fleisch nicht mehr frisch waren,
- das verwendete Geschirr, bzw. Küchenwerkzeug mit Keimen behaftet war,
- die Temperatur am Pökelort (im Kühlschrank oder -raum) zu hoch war.

Deshalb ist die Anschaffung eines Sudmessers zu empfehlen, der den genauen Grad der Lakenkonzentration misst. Als Faustregel gilt, dass eine Lake in etwa so hochprozentig ist wie der Pökelsalzanteil in der gesamten Flüssigkeit.
Beispiel: 10 Liter 12-prozentige Lake =
8,8 Liter Wasser + 1,2 Kilogramm Nitritpökelsalz.

Fische vorbereiten

Fische, die im Ganzen geräuchert werden sollen, werden an der Bauchseite mit einem Längsschnitt geöffnet, die Eingeweide werden hinter dem Kopf abgeschnitten und in einem Stück herausgenommen, ohne diese dabei zu verletzen. Dann wäscht man die Fische gründlich, am besten unter fließendem Wasser. Dabei soll das Blut sorgfältig abgewaschen werden und die Fische müssen entschleimt werden. Auch die Kiemen müssen herausgelöst werden, weil sie ein besonders guter Nährboden für Bakterien sind und häufig nachbluten, was beim Räuchern hässliche Streifen verursacht. Bei Aalen können Sie die Kiemenblätter einfach herausdrücken und entfernen.

Tipp:

Greifen Sie beim Ausnehmen der Fische niemals in die Kiemenöffnungen, Sie könnten sich verletzen, denn die Ränder sind messerscharf.

Bei größeren Fischen, die in Hälften geräuchert werden, schneidet man den Fisch an der Rückenflosse bis zum Rückgrat ein und führt den Schnitt weiter bis zum Kopf. Dann schneidet man von der Rückenflosse her bis zum Schwanz und teilt die Schwanzflosse längs. Danach trennt man die Rippen nur mit der Messerspitze durch, die Eingeweide dürfen dabei nicht verletzt werden. Die gesamten Innereien samt Nieren werden nun vorsichtig entfernt, dabei darf die Gallenblase nicht verletzt werden, das würde den ganzen Fisch verderben. Den Kopf spaltet man am besten mit einem schweren Messer, unter Umständen mithilfe eines Schlagholzes. Allerdings sollte er am Ansatz der Kiemenblätter noch zusammenhängen. Jetzt klappt man die Fischhälften auseinander und zieht die Eingeweide sorgfältig heraus. Lösen Sie die Kiemen (vorsichtig: Verlet-

Tipp:

Achten Sie darauf, dass das Messer nicht zu tief eindringt, damit Darm und Galle nicht verletzt werden. Tritt Galle aus, verdirbt es den ganzen Fisch, er würde bitter schmecken.

zungsgefahr) heraus und waschen Sie die Fische gründlich. Unter Umständen müssen Sie die Reste unter fließendem Wasser mit einer Zahnbürste wegschrubben.

Wenn große Fische geräuchert werden sollen, teilt man sie am besten in Stücke.
Der Kopf wird durch einen schräg geführten Schnitt, der auf der Bauchseite hinter den Kiemen beginnt und bis zur Wirbelsäule geführt wird, abgetrennt.
Unter Umständen – wenn der Fisch eine dickere Wirbelsäule hat – das Rückgrat einschneiden und den Kopf abdrehen. Dann schneidet man den Fisch vorsichtig in etwa gleichgroße Teilstücke und achtet dabei wieder darauf, dass Darm und Gallenblase nicht verletzt werden, denn wie schon erwähnt: Gallenflüssigkeit verdirbt den Geschmack. Auch die Nieren, die sich entlang des Rückgrats befinden, müssen vollständig entfernt werden. Gute Dienste leistet dabei auch hier eine Zahnbürste. Jetzt entfernt man die Eingeweide vorsichtig aus den Teilstücken und säubert die Fischstücke gründlich unter fließendem Wasser.

Tipp:

Bei Salzwasserfischen kann die Pökellake etwas weniger salzhaltig sein, da die Fische einen kräftigeren Eigengeschmack haben.

Die Lake ansetzen: Für 5 Kilo vorbereiteten Fisch brauchen Sie circa 5 Liter Lake. Kochen Sie 5 Liter Wasser mit 350–400 Gramm Kochsalz, dem Saft einer halben Zitrone und getrockneten Kräutern und Gewürzen (siehe Infokasten Gewürze) auf und lassen Sie das Ganze abkühlen. Salzen Sie die Fische nun von innen und außen kräftig ein. Dann legen Sie die Fische für etwa 12 Stunden in die kalte (!) Lakenflüssigkeit und wenden Sie sie während dieser Zeit mehrmals.

Tipp:

Trocknen Sie Fische nicht in der Sonne, um den Vorgang zu beschleunigen. Das beeinträchtigt den Geschmack erheblich.

Trocknen an der Luft: Nach Ablauf der Pökelzeit werden die Fische wiederum gründlich unter fließendem Wasser gewaschen und eventuell noch anhaftende Blut- und Schleimreste entfernt. Anschließend werden sie zum Trocknen aufgehängt oder auf einen Rost gelegt. Dieser Trockenprozess an der frischen Luft – idealerweise an einem schattigen Platz mit Luftzug – dauert etwa 1–2 Stunden.

Trocknen im Ofen: Dabei werden Fische heiß-trocken vorgeräuchert, d. h. sie werden in den Räucherofen gehängt und bei niedrigen Temperaturen bis höchstens 50 °C und geringer Rauchentwicklung getrocknet. Lassen Sie die Ofentür einen Spalt breit geöffnet, um für ausreichende Luftzirkulation zu sorgen. Und achten Sie unbedingt darauf, dass sich die Temperatur nur langsam erhöht, sonst werden die Fische zu weich und fallen vom Haken. Nach etwa 30–60 Minuten sind die Fische trocken, sie fühlen sich jetzt lederartig an, dürfen aber keinesfalls klebrig sein. Erst jetzt erfolgt das eigentliche Räuchern.

Nur Aal, Aalmutter und Hornhecht werden heiß-nass vorgeräuchert, d. h. nachdem die Pökellake gründlich abgewaschen ist, würzt man die Fische mit Pfeffer und hängt sie, je nach Größe, bei 90–100 °C für 45–60 Minuten in den Räucherofen, wobei die Tür leicht geöffnet bleibt.

Tipp:

So können Sie leicht feststellen, ob der Fisch gar ist: Wenn sich die Rückenflosse leicht aus dem Fisch herausziehen lässt und das anhaftende Fleisch weiß ist, dann ist der Fisch verzehrfertig.

Zwei Räucherphasen

Das Räuchern besteht aus zwei Phasen: In der ersten Phase wird der Fisch bei etwa 90–120 °C gegart. Bei der zweiten Phase handelt es sich dann um das eigentliche Räuchern. Dabei wird die Temperatur langsam auf etwa 60 °C reduziert, es entwickelt sich Rauch und der Fisch erhält seine typische goldene Färbung. Verlängert man jedoch die erste Phase um circa 20 Minuten, kann man den Fisch sofort verzehren, allerdings ist sein Rauchgeschmack dann nicht so intensiv.

Tiefkühl-Fisch

Auch tiefgekühlte Fische kann man räuchern. Damit keine Geschmacksverluste entstehen, sollte Tiefkühlfisch möglichst sanft aufgetaut werden, am besten im Kühlschrank. Sobald sich der Fisch biegen lässt, ist er aufgetaut. Jetzt wird er gesalzen und zum Trocknen aufgehängt. Geräuchert wird er genauso wie frischer Fisch. **Aber:** Tiefgefrorener Fisch nimmt das Salz besonders gut auf und ist nach dem Liegen in der Lake deutlich mürber als frischer Fisch, daher muss man ihn sorgfältig aufhängen oder am besten auf einem Rost räuchern.

Fleisch und Geflügel vorbereiten

Wie bei Fisch ist es empfehlenswert, Fleisch oder Geflügel grundsätzlich vor dem Räuchern einzusalzen, denn das trägt wesentlich zum typischen herzhaften Geschmack bei.

Wenn Sie Fleisch oder Geflügel *heißräuchern* wollen, brauchen Sie es nur gründlich mit Salz und Gewürzen einzureiben (trockensalzen) und über Nacht kühl zu stellen. Aber wenn Sie sicher sein wollen, dass alles gleichmäßig gesalzen ist, legen Sie es in eine Salzlake (nasssalzen).

Bevor Sie das Fleisch oder das Geflügel räuchern, müssen Sie es sorgfältig abwaschen und trocknen. Das geht am besten mit Küchenkrepp. Dann hängen Sie das Räuchergut genau wie den Fisch an einen schattigen Platz mit konstanter Frischluftzufuhr auf.

Wollen Sie Fisch, Fleisch oder Geflügel *kalträuchern,* kommen Sie auf keinen Fall ums Pökeln herum, sonst würde das Räuchergut verderben. Reiben Sie das Fleisch sorgfältig mit Pökelsalz ein. Sie können dem Pökelsalz eventuell noch Gewürze beimischen (siehe Infokasten). Legen Sie das Fleisch in eine Plastikschüssel oder in einen Steinguttopf und begießen Sie es mit der Pökellake. Die Lake muss das Fleisch völlig bedecken. Stellen Sie die Schüssel abgedeckt am besten in den Kühlschrank, 4–5 °C sind ideal. Wie lange das Fleisch in der Lake liegen sollte, hängt von seiner Größe ab. Dauert der Vorgang mehrere Tage, schöpfen Sie den entstehenden Schaum täglich ab, damit sich keine unerwünschten Bakterien bilden.

Beispiel für die Lakenmischung: Mischen Sie 1 Liter Wasser mit 100 Gramm Pökelsalz, 10 Gramm Zucker, 10 Gramm Gewürzen Ihrer Wahl und kochen Sie alles kurz auf. Lassen Sie die Lake abkühlen, bevor sie verwendet wird. Pökeldauer (nur ungefähre Angaben, genaue Zeiten stehen bei den Rezepten)

Fleisch	Nass-Pökelzeit	Trockenzeit
Je 500 g Schweinefleisch	4–6 Tage	1–2 Tage
Je 500 g Rindfleisch	5–7 Tage	1–2 Tage
Je 500 g Geflügel	2–3 Tage	1–2 Tage
Je 500 g Reh/Hirsch	12 Stunden	1–2 Tage

Tipp:

Sauberkeit ist höchstes Gebot beim Pökeln, sonst können unerwünschte Bakterien alles verderben.

Gewürze

Beim Pökeln können Sie ganz nach Geschmack verschiedene Gewürze und Kräuter verwenden (z. B. Wacholder, Nelken, Lorbeer, Piment, Kümmel, Pfeffer, Muskatblüte, Majoran, Thymian, Rosmarin etc.). Für diesen Zweck gibt es fertige Mischungen im Handel. Sie können die Kräuter und Gewürze entweder ganz oder gemahlen oder auch in kleinen Baumwollsäckchen in die Salzlake geben. Streuen Sie die Kräuter und Gewürze nie mit den Fingern in die Lake, verwenden Sie immer einen sauberen Löffel. Verschließen Sie die Gewürzpackungen nach Gebrauch sofort wieder und lagern Sie sie an einem trockenen Ort.
Gewürze, die für eine Pökelung von rohem Fleisch, Geflügel bzw. rohem Fisch verwendet werden, müssen möglichst keimfrei sein. Kräuter aus dem eigenen Garten sind allerdings häufig keimbelastet und es kann passieren, dass Schadkeime den Pökelprozess empfindlich stören. Kochen Sie deshalb die Lakenmischung immer kurz auf.

Kapitel 2

Die Grundrezepte für Fisch, Fleisch, Wild und Geflügel

Grundrezepte für Fisch

Im Prinzip können Sie alle Salz- und Süßwasserfische heiß- oder kalträuchern und zwar als ganze Fische, als Fischseiten, als Filet oder Kotelett. Fische mit höherem Fettgehalt wie Lachs, Makrele oder Karpfen bleiben beim Räuchern saftiger und werden deshalb oft als schmackhafter empfunden. Fische mit geringem Fettgehalt wie Hecht, Barsch, Zander dagegen können während des Räucherns leicht trocken werden. Deswegen beachten Sie hier die Räucherzeiten sehr genau. Beim Räuchern von Salzwasserfischen sollte die Lake eine geringere Salzkonzentration aufweisen, weil die Fische einen kräftigeren Eigengeschmack haben. Bleiben Sie aus demselben Grund auch bei der Zugabe von Gewürzen und Kräutern bei Meeresfischen eher zurückhaltend. Wie schon erwähnt, sollte die Salzlake bei Tiefkühlfisch ebenfalls etwas schwächer sein, weil sich seine Fleischstruktur durch die Kälte verändert hat und der Fisch mehr Salz aufnimmt.

Tipp:

Je frischer der Fisch, desto besser sein Geschmack. Angler wissen das und bereiten ihren Fang sofort auf das Räuchern vor.

Heißräuchern ist die gängigere Methode für Fisch, zumindest bei Hobbyräucherern. Meist werden ganze Fische bei 60–120 °C je nach Größe für 60–90 Minuten im heißen Rauch gegart und gleichzeitig geräuchert. Man kann diesen Vorgang auch aufteilen: Zuerst wird bei einer Temperatur von etwa 90 °C für 20–40 Minuten gegart und anschließend bei circa 50 °C für 45–120 Minuten geräuchert. In beiden Fällen ist es ratsam, die Temperatur während der Garzeit kurzzeitig auf 100–120 °C zu erhöhen. Das vernichtet eventuell noch anhaftende Bakterien.

Tipp:

Die Fische sind fertig geräuchert, wenn sie die typische goldene Räucherfarbe angenommen haben und wenn das Fleisch der Fische im Bereich des Rückens nicht zu weich ist. Die Festigkeit sollte dem Druck mit dem Finger auf die eigene Nasenspitze entsprechen. Gleicht sie eher dem Druck auf die Wange, ist die Konsistenz des Fleisches noch zu weich und der Fisch muss weiter geräuchert werden.

Wenn Sie *kalträuchern* wollen, nehmen Sie am besten nur Seiten, Filets oder Koteletts von Fischen mit größerem Fettgehalt, denn das Fleisch wird trockener und daher lassen sich die Gräten schlechter entfernen. Beim Kalträuchern gibt es keine Garphase, deshalb muss der Fisch vorher auf andere Weise konserviert werden: Er wird nass oder trocken gepökelt (siehe Seite 31). Stellen Sie das Pökelgefäß für 12–36 Stunden je nach Dicke der Filets an einen kalten Ort. Dann spülen Sie die Salz- und Zuckerreste unter kaltem Wasser gründlich ab, tupfen die Filets trocken und hängen sie zum Trocknen auf. Die optimale Kalträuchertemperatur liegt zwischen 15–25 °C. Beim Kalträuchern dauert die Räucherzeit natürlich länger und ist von der Größe des Räuchergutes abhängig.

Fisch kalträuchern

Die angegebenen Räucher- bzw. Pökelzeiten sind nur Annäherungswerte. Zum einen, weil es auf die Größe/Dicke des Räucherguts ankommt, und zum anderen, weil die Geräte unterschiedlich sind. Bei Geräten mit Thermostaten lässt sich die Temperatur leicht regeln. Bei einfacheren Geräten ohne Thermometer müssen Sie während des Räucherns die Farbe des Rauches beobachten. Folgende Faustregel gilt für den Räucherrauch: Er soll weiß und dicht sein – färbt er sich ins Grau-Blaue, muss Räuchermehl nachgeschüttet werden.

Süßwasserfische

Zutaten:
4 Fische
à circa 300 Gramm

Räucherholz:
Erlenmehl, eventuell Wacholderbeeren, Lorbeerblätter, getrocknete Zitronenschalen

Forelle, Saibling und Renke heißräuchern

So wird's gemacht:

1. Die ausgenommenen und gut gewaschenen Fische werden etwa 10–12 Stunden in Salzlake gebeizt. (2 Liter Wasser mit 150 Gramm Meersalz, eventuell mit etwas Dill und zerdrücktem Wacholder aufkochen, abkühlen lassen, siehe auch Seite 34).
2. Fische unter fließendem Wasser abspülen und abtrocknen. An einem luftigen Ort etwa eine Stunde hängend trocknen lassen.
3. Den Räucherofen samt Räuchermehl vorheizen, bis das Mehl glimmt. Die Fische auf den eingeölten Rost legen, in den Räucherofen schieben und bei 100–120 °C etwa 30 Minuten garen. Dann die Temperatur auf circa 50 °C reduzieren und die Fische 60–90 Minuten räuchern.
4. Die Fische entweder warm mit frischem Salat und Baguette servieren oder weiter verwenden (Rezepte siehe ab Seite 62).
5. Wer gleichzeitig garen und räuchern will, heizt den Ofen auf 150–180 °C vor und gibt die Fische dann für 20–25 Minuten in den heißen Rauch.

Karpfen, Hecht, Wels, Zander und Lachs heißräuchern

So wird's gemacht:

1. Die ausgenommenen und gewaschenen Fische werden wie auf Seite 33 beschrieben längs geteilt und nochmals gründlich abgespült. Dann kommen sie für etwa 10–12 Stunden in Salzlake. (3 Liter Wasser mit 240 Gramm Meersalz, eventuell mit Zwiebeln, zerdrücktem Pfeffer und Fischgewürzmischung aufkochen, abkühlen lassen, siehe auch Seite 34.)
2. Fische unter fließendem Wasser sorgfältig abspülen und abtrocknen. An einem luftigen Ort etwa 1–2 Stunden hängend trocknen lassen.
3. Den Räucherofen samt Räuchermehl solange vorheizen, bis das Mehl glimmt. Die Fische in den Räucherofen hängen und bei 100–120 °C etwa 45 Minuten garen. Dann die Temperatur auf circa 50 °C reduzieren und die Fische 60–90 Minuten räuchern.
4. Die Fische abgekühlt mit Kartoffelsalat servieren oder weiter verwenden (Rezepte siehe ab Seite 62).
5. Wer gleichzeitig garen und räuchern will, heizt den Ofen auf 150 °C vor und gibt die Fische dann für 60 Minuten in den heißen Rauch.

Zutaten:
Entweder 4 Fischseiten oder Koteletts à 250, bzw. 400 Gramm

Räucherholz:
Buchenspäne, eventuell Wacholderbeeren, Lorbeerblätter

Zutaten:
4 Aale
à 350–400 Gramm

Räucherholz:
Buchen- und
Hickoryspäne

Aale heiß-nassräuchern

So wird's gemacht:

1. Die (mit Salz oder Vogelsand) entschleimten, ausgenommenen und gründlich gewaschenen Aale werden wie auf Seite 33 beschrieben für etwa 10–12 Stunden in Salzlake gebeizt. (5 Liter Wasser mit 500 Gramm Meersalz, eventuell mit zerdrücktem Pfeffer und Wacholder aufkochen, abkühlen lassen, siehe auch Seite 34.)
2. Aale unter fließendem Wasser sorgfältig abspülen und kurz in kochendes Wasser tauchen, damit sich die Bauchlappen spreizen.
3. Den Räucherofen samt Räuchermehl so lange vorheizen, bis das Mehl glimmt. Die noch nassen Aale so in den Räucherofen hängen, dass sie sich nicht berühren und je nach Gewicht bei 100–120 °C etwa 25–40 Minuten garen. Dann die Temperatur auf circa 65 °C reduzieren und die Fische 90 Minuten räuchern.
4. Die Aale gut abgekühlt – am besten erst am nächsten Tag, dann sind sie vom Räu-

cheraroma gleichmäßig durchzogen – mit Bauernbrot servieren oder weiter verwenden (Rezepte siehe ab Seite 62).

Barsche, Brachse und Schleie heißräuchern

Zutaten:
4 Fischseiten
à 200–300 Gramm

Räucherholz:
Buchenspäne, eventuell Wacholderbeeren, Lorbeerblätter und Pfeffer, getrocknete Zitronenschale

So wird's gemacht:

1. Die ausgenommenen und gewaschenen Fische werden wie auf Seite 33 beschrieben längs geteilt und nochmals gründlich abgespült. Dann kommen sie für etwa 10–12 Stunden in Salzlake. (3 Liter Wasser mit 240 Gramm Meersalz, eventuell mit Zwiebeln, zerdrücktem Pfeffer, Lorbeerblättern und Zitronenschale aufkochen, abkühlen lassen, siehe auch Seite 34.)
2. Fische unter fließendem Wasser sorgfältig abspülen und abtrocknen. An einem luftigen Ort etwa 1–2 Stunden lang hängend trocknen lassen.
3. Den Räucherofen samt Räuchermehl so lange vorheizen, bis das Mehl glimmt. Die Fische in den Räucherofen hängen und bei 100–120 °C etwa 30–45 Minuten garen. Dann die Temperatur auf circa 65 °C reduzieren und die Fische 90 Minuten räuchern.
4. Die Fische entweder noch warm oder abgekühlt mit Bratkartoffeln und Meerrettich servieren oder weiter verwenden (Rezepte siehe ab Seite 62).
5. Wer gleichzeitig garen und räuchern will, heizt den Ofen auf 150 °C vor und lässt die Fische dann für 60 Minuten im heißen Rauch.

Lachs kalträuchern

Zutaten:
2 Lachsseiten
je 1 Kilogramm

Räucherholz:
Buchenspäne, Obstbaumspäne, eventuell Pfefferkörner, Wacholderbeeren, Lorbeerblätter

So wird's gemacht:

1. Der ausgenommene und gewaschene Lachs wird wie auf Seite 33 beschrieben längs geteilt, entgrätet und nochmals gründlich abgespült. (Oder Sie kaufen fertige Lachsseiten bei Ihrem Fischhändler.)
2. 500 Gramm grobes Meersalz und 450 Gramm braunen Rohrzucker und nach Geschmack 10 zerdrückte Wacholderbeeren, 10 Pfefferkörner und 1 Lorbeerblatt sorgfältig zu einer trockenen Beize mischen. Fischseiten in eine der Länge der Lachsseiten entsprechend große Wanne legen und auf beiden Seiten großzügig mit dem Salz bestreuen. Der Fisch sollte vollständig mit der Salz-Zuckermischung bedeckt sein.
3. Den Lachs für circa 18 Stunden an einem kalten Ort ruhen lassen, dabei aber immer wieder mit der entstehenden Flüssigkeit begießen. Den Fisch danach gründlich abspülen, von allen Salz- und Zuckerresten befreien und gut trocken tupfen.
4. Den Räucherschrank erhitzen und 500 Gramm Räuchermehl von der Buche zum Glimmen bringen. Dann die Hitze auf circa 15 °C reduzieren und die Lachsseiten in den Räucherschrank hängen. 10–12 Stunden räuchern und anschließend 10–12 Stunden ruhen lassen. Diesen Vorgang noch zweimal wiederholen.
5. Der kaltgeräucherte Lachs kann sofort mit Toast serviert werden, man kann ihn aber auch weiter verwenden (Rezepte siehe ab Seite 62).

Salzwasserfische

Zutaten:
4 ganze Fische
à 300–400 Gramm

Räucherholz:
Buchen- oder Erlenmehl, eventuell Wacholderbeeren, Lorbeerblätter, Pfefferkörner, getrocknete Zitronenschale

Seezunge, Scholle und Flunder heißräuchern

So wird's gemacht:

1. Die vom Fischhändler vorbereiteten und nochmals gewaschenen Fische kommen für etwa 8–10 Stunden in Salzlake. (2 ½ Liter Wasser mit 125 Gramm Meersalz, eventuell zerdrücktem Pfeffer und Zitronenschale aufkochen, abkühlen lassen, siehe auch Seite 34.)
2. Fische danach unter fließendem Wasser sorgfältig abspülen und abtrocknen. An einem luftigen Ort etwa eine Stunde hängend trocknen lassen.
3. Den Räucherofen samt Räuchermehl solange vorheizen, bis das Mehl glimmt. Die Fische auf den eingeölten Rost legen und in den Räucherofen schieben oder in den Räucherofen hängen und bei 100–120 °C etwa 45 Minuten garen. Dann die Temperatur auf circa 75 °C reduzieren und die Fische 60–90 Minuten räuchern.
4. Die Fische abgekühlt mit gemischtem Salat servieren oder weiter verwenden (Rezepte siehe ab Seite 62).
5. Wer gleichzeitig garen und räuchern will, heizt den Ofen auf 150–180 °C vor und gibt die Fische dann für 60 Minuten in den heißen Rauch.

Zutaten:
4 Fischstücke, Koteletts oder Filets à 200 Gramm

Räucherholz:
Buchen- und Hickorymehl

Heilbutt und Dornhai heißräuchern

So wird's gemacht:

1. Die küchenfertigen Fischstücke waschen und für etwa 8–10 Stunden in Salzlake legen (2 Liter Wasser mit 100 Gramm Meersalz und eventuell zerdrücktem Pfeffer, Lorbeerblättern, Zwiebel, Kräutern nach Wahl aufkochen, abkühlen lassen, siehe auch Seite 34.)
2. Fische danach unter fließendem Wasser sorgfältig abspülen und abtrocknen. An einem luftigen Ort etwa eine Stunde hängend trocknen lassen.

Die Bauchlappen des Dornhais kommen geräuchert als „Schillerlocken", seine Rückenstücke als „Seeal" in den Handel.

3. Den Räucherofen samt Räuchermehl solange vorheizen, bis das Mehl glimmt. Die Fischstücke auf den eingeölten Rost legen, in den Räucherofen schieben und bei 100–120 °C etwa 45 Minuten garen. Dann die Temperatur auf circa 75 °C reduzieren und die Fische 60–90 Minuten räuchern.
4. Die Fischstücke abgekühlt mit Kartoffelsalat servieren oder weiter verwenden (Rezepte siehe ab Seite 62).
5. Wer gleichzeitig garen und räuchern will, heizt den Ofen auf 150–180 °C vor und gibt die Fische dann für 60 Minuten in den heißen Rauch.

Rotbarsch, Kabeljau und Schellfisch heißräuchern

Zutaten:
Je 4 Filets
à 200 Gramm

Räucherholz:
Buchen- oder Erlenmehl, eventuell Pfefferkörner, Lorbeerblätter, getrocknete Zitronenschale

So wird's gemacht:

1. Die küchenfertigen Fischfilets werden gewaschen und kommen dann für etwa 6–8 Stunden in Salzlake (2 Liter Wasser mit 100 Gramm Meersalz, eventuell zerdrücktem Pfeffer, Lorbeerblättern, Senfsamen und Zitronenschale aufkochen, abkühlen lassen, siehe auch Seite 34.)
2. Die Fische danach unter fließendem Wasser sorgfältig abspülen und abtrocknen. An einem luftigen Ort etwa 1–2 Stunden hängend trocknen lassen.
3. Den Räucherofen samt Räuchermehl vorheizen, bis das Mehl glimmt. Die Fische auf den eingeölten Rost legen, in den Räucherofen schieben und bei 100–120 °C etwa 45 Minuten garen. Dann die Temperatur auf circa 75 °C reduzieren und die Fischstücke 60 Minuten räuchern.
4. Die Fische abgekühlt mit gemischtem Salat servieren oder weiter verwenden (Rezepte siehe ab Seite 62).
5. Wer gleichzeitig garen und räuchern will, heizt den Ofen auf 150–180 °C vor und gibt die Fische dann für 60 Minuten in den heißen Rauch.

Zutaten:
4 Makrelen
à 400–450 Gramm
Räucherholz:
Buchenspäne,
Hickorymehl

Makrelen heißräuchern

So wird's gemacht:

1. Die vom Fischhändler vorbereiteten und nochmals gewaschenen Makrelen kommen für etwa 6–8 Stunden in Salzlake. (4 Liter Wasser mit 200 Gramm Meersalz, eventuell mit zerdrücktem Pfeffer, Lorbeerblättern, Wacholderbeeren und Zitronenschale aufkochen, abkühlen lassen, siehe auch „Gewürze", Seite 37.)
2. Die Fische danach unter fließendem Wasser sorgfältig abspülen und abtrocknen. An einem luftigen Ort etwa 1–2 Stunden hängend trocknen lassen.
3. Den Räucherofen samt Räuchermehl vorheizen, bis das Mehl glimmt. Die Makrelen in den Räucherofen hängen und bei 100–120 °C etwa 45 Minuten garen. Dann die Temperatur auf circa 75 °C reduzieren und die Fische 60 Minuten räuchern.
4. Die Makrelen abgekühlt mit Bauernbrot und Salat servieren oder weiter verwenden (Rezepte siehe ab Seite 62).
5. Wer gleichzeitig garen und räuchern will, heizt den Ofen auf 150–180 °C vor und gibt die Fische dann für 60 Minuten in den heißen Rauch.

Zutaten:
4 Heringe
á 250 Gramm
Räucherholz:
Erlenmehl, eventuell
Pfefferkörner,
Lorbeerblätter

Grüne Heringe heißräuchern

So wird's gemacht:

1. Die vom Fischhändler vorbereiteten und nochmals gewaschenen Fische kommen für etwa 4–5 Stunden in Salzlake (2 ½ Liter Wasser mit 125 Gramm Meersalz, 25 Gramm Zucker, 20 ml Essig, eventuell mit zerdrücktem Pfeffer und Lorbeerblättern aufkochen, abkühlen lassen, siehe auch „Gewürze", Seite 37.)
2. Fische danach unter fließendem Wasser sorgfältig abspülen und abtrocknen. An einem luftigen Ort etwa 1–2 Stunden hängend trocknen lassen.
3. Den Räucherofen samt Räuchermehl vorheizen, bis das Räuchermehl glimmt. Die Fische auf den eingeölten Rost legen, in den Räucherofen schieben und bei 150 °C etwa 60 Minuten räuchern (Rezepte siehe ab Seite 62).

Bückling

Geräucherte grüne Heringe nennt man **Bücklinge.** Die Bezeichnung kommt vermutlich vom Wort „pökeln": Aus „Pökeling" wurde im Sprachgebrauch schließlich „Bückling". Mit der herabsetzenden Bezeichnung „Bückling", das den dienernden Beamten meint, hat der grüne Hering nichts zu tun. Diesen Begriff leitet man von „sich bücken" ab.

Miesmuscheln heißräuchern

So wird's gemacht:

1. Die Muscheln unter fließendem Wasser waschen und gründlich abbürsten. Geöffnete Muscheln entsorgen, die restlichen Muscheln in einem Sieb abtropfen lassen. Sie werden nicht gebeizt.
2. Die Muscheln in die Tropfpfanne geben, mit einer Tasse Wasser begießen und etwas Olivenöl beträufeln.
3. Den Räucherofen samt Räuchermehl vorheizen, bis das Räuchermehl glimmt.
4. Die Tropfpfanne in den Räucherofen schieben und die Muscheln bei 180 °C für circa 45 Minuten räuchern. Muscheln, die sich nicht geöffnet haben, wegwerfen.
5. Die Muscheln dann in tiefen Tellern anrichten und mit der gehackten Petersilie garnieren. Dazu ein Baguette servieren.

Zutaten:
1 Kilogramm Muscheln, 1 Tasse Weißwein, Suppengemüse

Räucherholz:
Buchenmehl, eventuell Lorbeerblätter, Pfeffer, Wacholder, Senfsamen

Jakobsmuscheln heißräuchern

So wird's gemacht:

1. Die Jakobsmuscheln waschen, trocken tupfen und für 20 Minuten folgendermaßen trockenbeizen: 200 Gramm grobes Meersalz mit 100 Gramm hellem Rohrzucker, etwas abgeriebener und getrockneter Orangenschale mischen und über die Jakobsmuscheln streuen.
2. Die Beize gründlich abwaschen, Muscheln mit Küchenkrepp trocken tupfen und etwa eine Stunde in einem kalten, gut belüfteten Raum nachtrocknen lassen.
3. Wok oder Bräter vorbereiten (siehe Seite 27). Sobald das Mehl zu glimmen beginnt, die Muscheln auf einem Stück Alufolie auf den Grill legen, den Deckel sofort wieder verschließen und die Muscheln 6 Minuten räuchern.
4. Die geräucherten Jakobsmuschen beispielsweise mit Fenchelsalat und Toast servieren (Rezepte siehe ab Seite 62).

Zutaten:
12 ausgelöste Jakobsmuscheln

Räucherholz:
Erlenmehl

Garnelen, Scampi und Flusskrebse heißräuchern

So wird's gemacht:

1. Die Krustentiere waschen, schälen und trocken tupfen. Sie werden nicht gebeizt.
2. Wok oder Bräter vorbereiten (siehe Seite 27) und sobald das Mehl zu glimmen beginnt, Garnelen, Scampi oder Flusskrebse auf einem Stück Alufolie auf den Grill legen, den Deckel sofort wieder verschließen und die Krustentiere 6 Minuten räuchern.
3. Geräucherte Garnelen, Scampi oder Flusskrebse mit Aioli und Toast oder in einer Fischsuppe servieren (Rezepte siehe ab Seite 62).

Zutaten:
20 rohe Krustentiere

Räucherholz:
Erlenmehl

Grundrezepte für Fleisch, Wild und Geflügel

Wenn man vom Warmräuchern, wie es hauptsächlich in der industriellen Produktion angewendet wird, einmal absieht, kommen für das Räuchern von Fleisch, Geflügel und Wild auch zwei Möglichkeiten in Betracht: kalt oder heiß.

Der wesentliche Unterschied der beiden Methoden besteht darin, dass beim *Kalträuchern* von Fleisch (Geflügel, Wild) kein Garprozess stattfindet. Deshalb muss das Räuchergut vorher durch Pökeln oder Beizen vorbereitet werden. Beide Methoden sind schon eine Art des Konservierens. Das heißt, Fleisch (Geflügel, Wild) ist nach dem Pökeln nicht mehr ganz roh, hat mehr Geschmack und hält länger. Soll es nach dieser Prozedur geräuchert werden, muss es erst einmal trocknen, dabei „entspannt" sich das Räuchergut und es entsteht eine festere Außenhaut. Der Trocknungsprozess kann je nach Größe des Stückes bis zu 24 Stunden dauern. Da das Fleisch (Geflügel, Wild) nur dem kalten Rauch ausgesetzt und nicht erhitzt wird, dauert dieser Vorgang viel länger als das Heißräuchern, manchmal einige Wochen.

Im Gegensatz zum Kalträuchern wird Fleisch (Geflügel, Wild) während des *Heißräucherns* gegart. Je höher die Temperatur des Rauchs, desto kürzer die Räucherzeit. Durch Heißräuchern allein hält sich Fleisch (Geflügel, Wild) aber nicht länger; dafür muss es vorher gebeizt oder gepökelt werden.

Tipp:

Achten Sie darauf, nicht zu intensiv zu beizen oder zu pökeln, weil die Hitze des Rauchs den Salzgeschmack verstärkt.

Benutzen Sie Holzspäne in wohldosierten Mengen. Zu viel kann leicht einen „überräucherten" Geschmack verursachen. Je feiner die Späne, desto schneller brennen sie und desto schneller entwickelt sich Rauch. Daher benutzen Sie am besten Sägemehl, Hobelspäne oder ganz fein gehackte Zweige. Verschiedene Hölzer zu mischen führt mitunter zu besonders guten Geschmacksergebnissen. Auch Gewürze, Tee, Nussschalen etc. (siehe Seite 21) können den Geschmack verbessern.
Unsere Rezepte können nur Vorschläge sein, in welchem Räucherofen, mit welchem Holz und mit welcher Methode Sie die jeweiligen Fleischstücke räuchern wollen, werden Sie mit der Zeit selbst herausfinden. Wie beim Kochen ist auch beim Räuchern Kreativität gefragt.

Und hier sei nochmals empfohlen: Führen Sie über Ihre Räucheraktivitäten Buch (Räucherzeit, Menge und Sorte des verwendeten Holzes, Temperatur, verwendete Kräuter und Gewürze). So werden Sie schnell herausfinden, was Ihnen am besten schmeckt.

Fleisch vom Schwein

Zutaten:
je 4 Stück
à 200 Gramm

Räucherholz:
Erlenmehl mit Walnussschalen, eventuell Zimtstange, Pfefferkörner, Wacholderbeeren

Schweineschnitzel und Schweinefilet heißräuchern

So wird's gemacht:

1. Aus 1 Liter Wasser, 100 Gramm Meersalz, 10 zerstoßenen weißen Pfefferkörnern, etwas getrockneter Orangenschale, den Blättchen von einem Zweig Thymian eine Pökellake aufkochen, gut abkühlen lassen und das Fleisch für 2 Stunden hineinlegen (siehe auch Seite 36).
2. Die Beize gründlich abwaschen, das Fleisch mit Küchenkrepp trocken tupfen und etwa 3 Stunden in einem kalten, gut belüfteten Raum nachtrocknen lassen.
3. Wok oder Bräter vorbereiten (siehe Seite 27) und sobald das Mehl zu glimmen beginnt, das Schnitzel bzw. das Filet auf den Rost legen, den Deckel sofort wieder verschließen und das Fleisch circa 20 Minuten räuchern.
4. Alternativ kann man das Fleisch auch auf den eingeölten Rost des vorgeheizten Räucherofens legen und bei 150 °C 25 Minuten lang räuchern.
5. Mit Salat oder vorbereitetem Gemüse servieren (Rezepte siehe ab Seite 78).

Zutaten:
je 4 Stück
à 200 Gramm

Räucherholz:
Buchen- und Pflaumenbaumspäne, eventuell zerdrückte Pfefferkörner, Wacholderbeeren, Koriander

Schweinekotelett und Schweinenackensteak heißräuchern

So wird's gemacht:

1. Aus 1 ½ Liter Wasser, 150 Gramm Meersalz, 1 EL zerstoßenen, weißen Pfefferkörnern, 1 EL Wacholderbeeren, den Blättchen von einem Zweig Rosmarin eine Pökellake aufkochen, gut abkühlen lassen und das Fleisch für 2 Stunden hineinlegen (siehe auch Seite 36).
2. Die Beize gründlich abwaschen, Fleisch mit Küchenkrepp trocken tupfen und etwa 3 Stunden in einem kalten, gut belüfteten Raum nachtrocknen lassen.
3. Wok oder Bräter vorbereiten (siehe Seite 27) und sobald das Mehl zu glimmen beginnt, das Schnitzel oder Filet auf den Rost legen, den Deckel sofort wieder verschließen und das Fleisch circa 30 Minuten räuchern.

4. Man kann das Fleisch auch auf den eingeölten Rost des vorgeheizten Räucherofens legen und bei 150 °C 30 Minuten räuchern.
5. Mit Salat oder vorbereitetem Gemüse servieren (Rezepte siehe ab Seite 78).

Schweineschulter ohne Knochen heißräuchern

Zutaten:
2 Kilogramm Schweineschulter

Räucherholz:
Erlen- und Apfelbaumspäne

So wird's gemacht:

1. Fleisch waschen und trocken tupfen. 3 Lorbeerblätter, 1 EL Kümmel und 20 Pfefferkörner im Mörser zerkleinern und mit 100 Gramm Salz und 2 TL Rohrzucker mischen (siehe auch Seite 36). Das Fleisch mit dieser Mischung gründlich einreiben und in eine entsprechend große Metallschüssel legen. Die Schüssel gut abdecken und das Fleisch für 10 Tage im Kühlschrank pökeln. Dabei entsteht Eigenlake, in der die Schweineschulter mehrmals gewendet wird.
2. Das Fleisch aus der Lake nehmen und gründlich waschen, anschließend 8 Stunden wässern, dabei das Wasser mehrmals erneuern. Die Schulter anschließend mit Küchenkrepp abtrocknen und für 24 Stunden zum Trocknen an einen kühlen, luftigen Ort hängen.
3. Den Räucherofen samt Räuchermehl erhitzen, bis es glimmt. Die Schulter in den Räucherofen hängen oder auf einen Rost legen und bei 90 °C etwa 60–90 Minuten garen.
4. Entweder noch warm servieren oder abkühlen lassen und wie Schinken aufschneiden.

Schweinelende kalträuchern

Zutaten:
1 Kilogramm Schweinelende

Räucherholz:
Buchen- und Hickoryspäne, eventuell Wacholderbeeren und Lorbeerblätter

So wird's gemacht:

1. Fleisch waschen und trocken tupfen. 3 Lorbeerblätter, 20 Wacholderbeeren und 20 weiße Pfefferkörner im Mörser zerkleinern und mit 50 Gramm Salz und 1 TL Rohrzucker mischen (siehe auch Seite 36). Das Fleisch gründlich damit einreiben und in eine Metallschüssel legen. Die Schüssel gut abdecken und das Fleisch für 6 Tage im Kühlschrank pökeln. Dabei mehrmals in der entstehenden Lake wenden.
2. Die Schweinelende herausnehmen, gründlich abspülen und 6 Stunden wässern, dabei das Wasser mehrmals erneuen.
3. Das Fleisch gründlich mit Küchenkrepp abtrocknen und für 10–12 Stunden zum Trocknen an einen kühlen, luftigen Ort hängen.
4. Den Räucherschrank erhitzen und reichlich Räucherspäne zum Glimmen bringen. Dann die Hitze auf circa 15 °C reduzieren und die Schweinelende in den Räucherschrank hängen. 8–10 Stunden räuchern und anschließend 10–12 Stunden ruhen lassen. Diesen Vorgang noch viermal wiederholen.
5. Die kaltgeräucherte Schweinelende vor dem Verzehr noch 4–5 Tage hängend an einem kühlen, luftigen Ort nachreifen lassen. Dann kann sie wie Lachsschinken aufgeschnitten werden (Rezepte siehe ab Seite 78).

Fleisch vom Rind

Zutaten:
3 Kilogramm Rinderbrust, Fett bis auf eine dünne Schicht vom Metzger abschneiden lassen
Räucherholz:
Buchen- und Mesquitenschnitze

Rinderbrust Texas style heißgeräuchert

So wird's gemacht:

1. Die Fettschicht der Rinderbrust wie bei einem Schweinebraten kreuz und quer einschneiden. Zuerst mit 2 EL Senf rundherum einreiben und anschließend eine Würzmischung aus 2 EL Salz, 2 EL braunem Zucker, 2 TL gemahlenem Pfeffer, 2 EL rotem Paprikapulver, 1 TL Chilipulver einmassieren. Rinderbrust auf einem Rost in einen flachen Bräter legen und 30 Minuten ruhen lassen.
2. Grillkohle in einen Kugelgrill mit Temperaturmesser zum Brennen bringen und das Räucherholz darauf geben, sobald weiße Asche entstanden ist. Wenn 120 °C erreicht sind, die Rinderbrust auf den Grillrost stellen und den Deckel sofort schließen. Bei einer Temperatur von 100–120 °C 9 Stunden (3 Stunden pro Kilo) räuchern.
3. Die Rinderbrust anschließend etwa 30 Minuten in Alufolie eingepackt ruhen lassen. Mit gemischtem Salat servieren.

Zutaten:
4 Filets à 200 Gramm
Räucherholz:
Buchenmehl, Walnussschalen

Rinderfilet heißräuchern

So wird's gemacht:

1. 3–4 EL Räuchermehl in den Räucherofen geben und auf 100 °C erhitzen.
2. Die Rinderfiletscheiben mit Zitronenpfeffer und Salz einreiben. Öl in einer Pfanne erhitzen und die Filetscheiben darin auf jeder Seite 1–2 Minuten scharf anbraten.
3. Die Filets anschließend auf den geölten Gitterrost des Räucherofens legen und für 15–20 Minuten räuchern.
4. Mit Salat oder vorbereitetem Gemüse servieren (Rezepte siehe ab Seite 78).

Zutaten:
1 Rinderfilet circa 2 Kilogramm
Räucherholz:
Buchen- und Mesquitespäne

Rinderfilet kalträuchern

So wird's gemacht:

1. Aus 35 Gramm Meersalz, 1 TL Rohrzucker, 20 zerdrückten gemischten Pfefferkörnern, 1 zerbröckelten Lorbeerblatt und 3 zerdrückten Wacholderbeeren eine Trockenbeize mischen und das Filet damit einreiben.
2. Entweder in eine Metallschüssel legen und mit Folie abdecken oder das ganze Filet mithilfe eines Vakuum-Gerätes einschweißen. Das Filet für 8–10 Tage in den Kühlschrank stellen. Das Filet in der Schüssel mehrfach wenden.
3. Filet aus der Schüssel nehmen oder aus der eingeschweißten Packung holen und für 3–4 Tage an einem kühlen, luftigen Ort hängend trocknen lassen.
4. Anschließend 2 ½ Stunden wässern. Abtrocknen und nochmals 2 Tage kühl und luftig trocknen lassen.
5. Das Filet im Räucherschrank bei 10–15 °C 8–10 Stunden räuchern. Danach lässt man es 10 Stunden ruhen. Diesen Vorgang noch 6 Mal wiederholen (Rezepte siehe ab Seite 78).
6. Wenn es fertig geräuchert ist, das Filet an einem luftigen, kühlen Ort noch 10 Tage hängend nachreifen lassen.

Fleisch vom Lamm

Lammfilet heißräuchern

Zutaten:
4 Lammfilets
à 200 Gramm

Räucherholz:
Olivenmehl oder Walnussmehl, eventuell Rosmarin

So wird's gemacht:

1. Aus 1 Liter Wasser, 100 Gramm Meersalz, 10 zerstoßenen weißen Pfefferkörnern und den Blättchen von einem Zweig Thymian eine Pökellake aufkochen und gut abkühlen lassen (siehe auch Seite 36). Dann das Fleisch für 2 Stunden hineinlegen.
2. Die Beize gründlich abwaschen, Fleisch mit Küchenkrepp trocken tupfen und etwa zwei Stunden in einem kalten, gut belüfteten Raum nachtrocknen lassen.
3. Wok oder Bräter vorbereiten (siehe Seite 27) und sobald das Mehl zu glimmen beginnt, die Filets auf den Rost legen, den Deckel sofort wieder verschließen und das Fleisch circa 20 Minuten räuchern.
4. Man kann das Fleisch auch auf den eingeölten Rost des vorgeheizten Räucherofens legen und bei 150 °C 20 Minuten räuchern.
5. Mit gemischtem Salat servieren (Rezepte siehe ab Seite 78).

Lammschulter heißräuchern

Zutaten:
1 ½ Kilogramm
Lammschulter

Räucherholz:
Buchen- und Pflaumenbaumspäne, eventuell Rosmarin

So wird's gemacht:

1. Lammschulter waschen und trocken tupfen. Nadeln von 3 Rosmarinzweigen, 2 Knoblauchzehen und 20 Pfefferkörner im Mörser zerkleinern und mit 100 Gramm Salz und 2 TL Rohrzucker mischen (siehe auch Seite 36). Das Fleisch mit dieser Mischung gründlich einreiben und in eine entsprechend große Metallschüssel legen. Die Schüssel gut abdecken und das Fleisch für 24 Stunden im Kühlschrank pökeln.
2. Das Fleisch gründlich unter fließendem Wasser waschen und mit Küchenkrepp abtrocknen. Anschließend 2–3 Stunden zum Trocknen an einen kühlen, luftigen Ort hängen.
3. Den Räucherofen samt Räucherspänen erhitzen, bis es glimmt. Die Schulter in den Räucherofen hängen oder auf einen Rost legen und bei 100 °C etwa 2 ½ Stunden räuchern.
4. Mit Grilltomaten und Bohnensalat servieren (Rezepte siehe ab Seite 78).

Wild

Zutaten:
1 Hasenrücken
circa 600 Gramm
Räucherholz:
Buchen- und Kirschbaummehl, eventuell Wacholderbeeren und Lorbeerblätter

Hasenrücken heißräuchern

So wird's gemacht:

1. 100 Gramm Meersalz, 100 Gramm Rohrzucker, 10 grob gemahlene weiße Pfefferkörner, 5 zerdrückte Wacholderbeeren und etwas getrocknete Orangenschale mischen, das Fleisch gründlich damit einreiben und für 45 Minuten im Kühlschrank beizen (siehe auch Seite 36).
2. Die Beize sorgfältig abwaschen, Fleisch mit Küchenkrepp trocken tupfen und etwa 2 Stunden in einem kalten, gut belüfteten Raum nachtrocknen lassen.
3. Den Hasenrücken auf den eingeölten Rost legen. Das Mehl in den Räucherofen geben. Sobald es glimmt, den Hasenrücken hinein schieben und ihn bei 150 °C 25 Minuten räuchern.
4. Mit Rösti und Preiselbeerkonfitüre servieren (Rezepte siehe ab Seite 104).

Zutaten:
4 Filets
à 150–200 Gramm
Räucherholz:
Buchen- und Rebholzmehl, eventuell Wacholderbeeren

Rehrückensteaks und Hirschfiletsteaks heißräuchern

So wird's gemacht:

1. Die Filetscheiben mit einer Beize aus 100 g Salz, 100 g Rohrzucker, 2 zerdrückten Lorbeerblättern, Zitronenpfeffer und Salz einreiben und 1 Stunde im Kühlschrank beizen (siehe auch Seite 36).
2. Die Beize gründlich abwaschen, Fleisch mit Küchenkrepp trocken tupfen und etwa 3 Stunden in einem kalten, gut belüfteten Raum nachtrocknen lassen.

4. 4–5 EL Räuchermehl in den Räucherofen geben und auf 150 °C erhitzen. Die Filets auf den geölten Gitterrost des Räucherofens legen und je nach Gewicht 15–20 Minuten räuchern.

3. Mit Salat oder vorbereitetem Gemüse servieren (Rezepte siehe ab Seite 104).

Geflügel

Zutaten:
1 Hähnchen,
circa 1200 Gramm
Räucherholz:
Buchen- und Apfelbaumspäne

Ganzes Hähnchen heißräuchern

So wird's gemacht:

1. 2 Liter Wasser, 3 Lorbeerblätter, 20 Pfefferkörner mit 200 Gramm Salz und 2 TL Rohrzucker aufkochen. Abkühlen lassen (siehe auch Seite 36). Die kalte Lake in eine Schüssel gießen.
2. Das Hähnchen waschen, trocken tupfen und in der Lake 24 Stunden im Kühlschrank pökeln. Dann herausnehmen und gründlich unter fließendem Wasser waschen. Anschließend mit Küchenkrepp abtrocknen und für 24 Stunden zum Trocknen an einen kühlen, luftigen Ort hängen.

3. Den Räucherofen samt Räucherspänen erhitzen, bis es glimmt. Das Hähnchen in den Räucherofen hängen oder auf einen Rost legen und bei 70–80 °C etwa 60–90 Minuten garen. Dann bei 50 °C 90 Minuten räuchern.
4. Vor dem Servieren die ledrige Haut entfernen und zum noch warmen Hähnchen Kartoffelsalat reichen. (Rezepte siehe ab Seite 96).

Hähnchenbrust und Hähnchenkeulen heißräuchern

Zutaten:
4 halbe Hähnchenbrüste à 150 Gramm ohne Haut

Räucherholz:
Apfelbaummehl, eventuell Wacholderbeeren

So wird's gemacht:

1. 100 Gramm Meersalz, 1TL Rohrzucker, 10 zerstoßene weiße Pfefferkörner, etwas getrocknete Orangenschale, Blättchen von einem Zweig Thymian zu einer Trockenbeize mischen und die Hühnerbrüste damit einreiben (siehe auch Seite 36). Eine Stunde beizen.
2. Die Beize gründlich abwaschen, Fleisch mit Küchenkrepp trocken tupfen und etwa eine Stunde in einem kalten, gut belüfteten Raum nachtrocknen lassen.
3. Wok oder Bräter vorbereiten (siehe Seite 27) und sobald das Mehl zu glimmen beginnt, die Hühnerbrüste auf den Rost legen, den Deckel sofort wieder verschließen und das Fleisch circa 30 Minuten räuchern.
4. Alternativ kann man das Fleisch auch auf den eingeölten Rost des vorgeheizten Räucherofens legen und bei 150 °C 25–30 Minuten räuchern.
5. Mit gemischtem Salat servieren (Rezepte siehe ab Seite 96).

Putenkeulen heißräuchern

Zutaten:
2 Putenkeulen à 400 Gramm

Räucherholz:
Kirschbaumspäne

So wird's gemacht:

1. Putenkeulen waschen und trocken tupfen. 3 Lorbeerblätter, gemischte Kräuter wie je 3 Zweige Thymian, Salbei, Oregano (im Ganzen), 1 Knoblauchzehe und 20 Pfefferkörner im Mörser zerkleinern und mit 50 Gramm Salz und 1 TL Rohrzucker mischen (siehe auch Seite 36). Die Keulen damit rundherum einreiben und in eine Metallschüssel legen. Die Schüssel gut abdecken und das Fleisch für 3–4 Tage im Kühlschrank pökeln. Dabei mehrmals in der entstehenden Lake wenden.
2. Keulen herausnehmen, abspülen und zwei Stunden wässern, das Wasser dabei immer wieder erneuern. Anschließend die Keulen gut abtrocknen und 2–3 Stunden an einem kühlen, luftigen Ort trocknen lassen.
3. Die Räucherspäne im Räucherofen zum Glimmen bringen und die Keulen 60 Minuten bei 100 °C garen und dann bei 50 °C etwa 90 Minuten räuchern.
4. Vor dem Servieren die ledrige Haut entfernen (Rezepte ab Seite 96).

Entenbrust heißräuchern

Zutaten:
4 Entenbrüste à 200 Gramm

Räucherholz:
Buchenmehl mit schwarzem Tee, eventuell Zimtstange, Pfefferkörner

So wird's gemacht:

1. Die Haut der Entenbrust kreuzweise einschneiden und die Brust auf den geölten Rost des Woks legen.
2. Wok oder Bräter vorbereiten (siehe Seite 27) und sobald das Mehl zu glimmen

beginnt, die Entenbrust auf den Rost legen. Den Deckel sofort wieder verschließen und das Fleisch circa 20 Minuten räuchern.

3. Die Entenbrust anschließend in einer Pfanne mit wenig Olivenöl auf der Hautseite kurz knusprig braten.
4. Mit Linsensalat servieren (Rezepte siehe ab Seite 96).

Zutaten:
1 ganze entbeinte Gänsebrust, circa 1 Kilogramm

Räucherholz:
Buchen- und Wacholderspäne

Gänsebrust kalträuchern

So wird's gemacht:

1. Die Innenseiten der Gänsebrust aufeinanderklappen und in ein Rollbratennetz stecken. Aus 30 Gramm Meersalz, 1 TL Rohrzucker, 20 zerdrückten Pfefferkörnern und 5 Koriandersamen eine Trockenbeize mischen und die Gänsebrust damit einmassieren.
2. Entweder in eine Metallschüssel legen und mit Folie abdecken oder die ganze Brust mithilfe eines Vakuum-Gerätes einschweißen. Die Brust für 8–10 Tage in den Kühlschrank stellen. Die Gänsebrust in der Schüssel mehrfach wenden.
3. Die Brust aus der Schüssel nehmen oder aus der eingeschweißten Packung holen und für 3–4 Tage an einem kühlen, luftigen Ort hängend nachreifen lassen.
4. Anschließend 2 ½ Stunden wässern. Abtrocknen und nochmals 2 Tage kühl und luftig trocknen lassen.
5. Jetzt kommen die Gänsebrüste in den Räucherschrank und werden bei 10–15 °C 10 Stunden geräuchert. Danach lässt man sie 10 Stunden ruhen. Diesen Vorgang noch 2 Mal wiederholen (Rezepte siehe ab Seite 96).

... und was man sonst noch räuchern kann

Eier kalträuchern

So wird's gemacht:

1. Eier kochen, abkühlen lassen und pellen.
2. Eier auf den Rost des Räucherofens geben und 12 Stunden im kalten Rauch bei circa 20 °C räuchern (Rezepte siehe ab Seite 108).

Zutaten:
6 hartgekochte Eier

Räucherholz:
Buchenspäne

Käse kalträuchern

So wird's gemacht:

1. Schnittkäsescheiben auf beiden Seiten mit Kräutern Ihrer Wahl bestreuen. Feta- und Mozzarellascheiben gut trocken tupfen und ebenfalls mit Kräutern oder Gewürzen bestreuen.
2. Käsescheiben auf einen Rost legen und 10 Stunden im Räucherofen bei 25–30 °C kalträuchern. Eventuell einmal wenden (Rezepte siehe ab Seite 108).

Zutaten:
Schnittkäse wie Emmentaler, Leerdamer, Gouda, Edamer, aber auch Sorten wie Feta und Mozzarella etc. in 2 cm dicken Scheiben

Räucherholz:
Buchenspäne

Räuchersalz

Beim Kalträuchern, beispielsweise beim Räuchern von Käse, können Sie gleichzeitig Räuchersalz herstellen. Dazu schüttet man etwa 1 Kilogramm grobes Meersalz in eine flache Aluschale und räuchert das Salz während derselben Zeit mit.

Tofu kalträuchern

So wird's gemacht:

1. Tofu genau wie den Käse in 2 cm dicke Scheiben schneiden, auf einen Räucherrost legen und bei 25–30 °C etwa 8–10 Stunden im kalten Rauch räuchern (Rezepte siehe ab Seite 108).

Knoblauch heißräuchern

So wird's gemacht:

1. Das Räuchergerät auf 180 °C vorheizen. Knoblauch großzügig mit Olivenöl einreiben, auf einen Rost setzen und in den Ofen schieben.
2. Die Knollen etwa 45 Minuten räuchern (Rezepte siehe ab Seite 108).

Zutaten:
4 ganze, unversehrte Knoblauchknollen

Räucherholz:
Buchenmehl

Mandeln und Nüsse heißräuchern

So wird's gemacht:

1. Räuchergerät auf 75 °C vorheizen. Ungeschälte Mandeln oder Nüsse in eine flache Aluschale geben, in den Ofen schieben und etwa 3 Stunden heißräuchern.
2. Noch heiß mit Meersalz bestreuen und abkühlen lassen.

Zutaten:
250 Gramm ungeschälte Mandel- oder Nusskerne

Räucherholz:
Buchenmehl

Kapitel 3

Rezepte

mit geräucherten Zutaten

Fisch, Krustentiere und Meeresfrüchte

Crêpes mit Räucherforellenfüllung

4 Portionen
100 g Mehl
130 ml Milch
Salz
3 Eier
3 EL weiche Butter
1 Bund Petersilie
150 g geräuchertes Forellenfilet (siehe Seite 42)
150 g Crème fraîche
100 g Joghurt
1 EL Zitronensaft
Zitronenpfeffer
1 TL Olivenöl

Das Mehl mit der Milch und einer Prise Salz glatt rühren. Eier und Butter untermischen und den Teig 15 Minuten ruhen lassen.
Die Petersilie waschen, trocken tupfen und hacken. Die Räucherforelle in Stücke schneiden. Nun die Crème fraîche mit dem Joghurt, dem Zitronensaft, dem Zitronenpfeffer und dem Fisch pürieren. Die Petersilie unter die Mischung ziehen und vorsichtig salzen. Das Olivenöl in einer kleinen beschichteten Pfanne erhitzen und 1–2 EL Crêpe-Teig hineingeben. Bei mittlerer Hitze einen dünnen Crêpe backen. Auf diese Weise sieben weitere Crêpes zubereiten.
Die Crêpes mit der Forellen-Crème-fraîche-Mischung bestreichen und jeweils zu einer Rolle aufrollen. Die Rollen halbieren und mit der restlichen Petersilie bestreut servieren.

Variation: Statt der geräucherten Forellenfilets können Sie auch geräucherte Makrelenfilets nehmen.

Frikadellen von geräucherter Renke

4 Portionen
700 g geräucherte Renkenfilets (siehe Seite 42)
80 g Paniermehl
100 g Mayonnaise
100 g Schalotten
Salz
Zitronenpfeffer
3 EL Öl
1 Zitrone in Spalten

Den Fisch in der Küchenmaschine oder mit einem großen Messer sehr fein hacken. Paniermehl und Mayonnaise in einer Schüssel mischen.
Die Schalotten pellen und in feine Würfel schneiden. Die Mayonnaisemischung und die Schalotten unter den Fisch kneten. Mit Salz und Zitronenpfeffer abschmecken. Die Mischung zu acht Frikadellen formen. Dann das Öl in einer Pfanne erhitzen und die Frikadellen darin portionsweise von jeder Seite circa 5 Minuten goldbraun braten. Die fertigen Frikadellen warm halten. Mit Kartoffelsalat und Zitronenspalten servieren.

Variation: Nehmen Sie statt geräucherter Renke geräucherten Kabeljau und geben Sie noch 1 TL Senf unter die Fischmasse.

Überbackener Räucherlachs

4 Portionen
400 g Tomaten
1 Bund Basilikum
2 Kugeln Mozzarella
4 EL Olivenöl
weißer Pfeffer
1 Knoblauchzehe
600 g heißgeräucherter Lachs (siehe Seite 43)
Außerdem: Öl für die Form

Den Backofen auf 180 °C vorheizen. Die Tomaten waschen, trocken tupfen und in Scheiben schneiden. Das Basilikum waschen, trocken schütteln und die Blättchen grob hacken. Beides in eine Schüssel geben, 2 EL Öl darüber träufeln, mit Pfeffer würzen und mischen. Den Mozzarella sehr fein hacken.
Die Knoblauchzehe halbieren und eine Auflaufform (circa 25 x 20 cm) mit den Schnittflächen des Knoblauchs einreiben und mit Öl einfetten.
Die Fischfilets auf beiden Seiten pfeffern und in die Form legen. Die Tomaten-Mischung über den Fisch geben, den Käse darüber streuen und mit dem restlichen Öl beträufeln.
Im Backofen bei 180 °C auf der mittleren Schiene 10–15 Minuten garen. Dazu passt Baguette.

Variation: Schmeckt auch mit Seezungenfilets sehr gut.

Geräucherter Lachs auf Wasabi-Gemüse

4 Portionen
200 g Karotten
200 g Stangensellerie
1 mittelgroße Kartoffel
20 g Butter
200 ml Gemüsebrühe
2 TL Wasabi
1 EL Sahne
600 g kaltgeräucherter Lachs (siehe Seite 45)
1 Tüte Kartoffelchips

Die Karotten, den Stangensellerie und die Kartoffel waschen. Die Karotten schälen, den Sellerie und die Karotten in dünne Streifen schneiden. Die Kartoffel schälen und klein würfeln.
Die Butter in einem kleinen Topf zergehen lassen, das Gemüse darin andünsten, die Gemüsebrühe dazugießen und 15 Minuten garen. Die Gemüsebrühe vorsichtig abgießen und dabei 2–3 EL davon auffangen.
Wasabi mit Gemüsebrühe und Sahne verrühren und unter das Gemüse ziehen.
Den Räucherlachs und das Wasabi-Gemüse auf vier Tellern verteilen und jeweils eine kleine Portion Kartoffelchips dazulegen.

Geräucherte Garnelen-Spieße mit Tomatencoulis und Pesto

4 Portionen
3 Bund Basilikum
2 Knoblauchzehen
60 g geriebener Parmesan oder Pecorino
60 g Pinienkerne
100 ml Olivenöl
1 TL Salz
12 frische Riesengarnelen
12 Scheiben Chorizo
500 g feste Tomaten
Basilikum
50 ml Olivenöl
Salz
schwarzer Pfeffer
einige Spritzer Zitronensaft
4 Holzspieße

Das Basilikum waschen, trocken tupfen und die Blättchen abzupfen, ein Drittel davon hacken und beiseite stellen. Den Knoblauch schälen und grob hacken. Beides mit dem geriebenen Käse und der Hälfte des Olivenöls in einen Mixbecher geben. Mischung mit einem Stabmixer pürieren und das restliche Öl nach und nach zulaufen lassen.
Die Tomaten waschen, trocken tupfen und in kleine Würfel schneiden. Mit dem Olivenöl begießen, salzen, pfeffern und den Zitronensaft zugeben. Das restliche Basilikum unter die Tomaten mischen.
Je vier Garnelen und vier Scheiben Chorizo abwechselnd auf die Spieße stecken und im Wok (siehe Seite 27) 4 Minuten räuchern.
Das Tomatencoulis auf vier Teller verteilen, die Spieße darauf anrichten, jeweils etwas Pesto darübergeben und mit frischem Baguette servieren.

Variation: Statt der geräucherten Garnelen können Sie auch geräucherte Jakobsmuscheln nehmen.

Geräucherte Scampi auf Spargel-Risotto

4 Portionen
Für das Risotto
2 Schalotten
150 g Risotto-Reis
20 g Butter
100 ml trockener Weißwein
500 ml Hühnerbrühe
500 g grüner Spargel
1 EL Olivenöl
40 g Parmesan
1–2 Spritzer Zitronensaft
12 frisch geräucherte Scampi (siehe Seite 49)

Den Spargel waschen, das untere Drittel der Stangen schälen und die Enden abschneiden. Den Spargel in mundgerechte Stücke schneiden. Die Schalotten pellen und in feine Würfel schneiden. Mit dem Risotto-Reis in der Butter glasig dünsten. Den Wein dazugießen und verdampfen lassen. Anschließend bei mittlerer Hitze unter Rühren immer wieder Geflügelbrühe angießen und verdampfen lassen. Nach der Hälfte der Zeit den Spargel zufügen und mitgaren.
Wenn die Brühe aufgebraucht ist, den Topf von der Kochstelle nehmen, Olivenöl unterrühren, einen Deckel auflegen und etwa 5 Minuten ziehen lassen.
Zum Schluss den geriebenen Parmesan unterheben. Das Risotto auf vier Tellern verteilen und die Scampi darauf anrichten.

Variation: Auch mit Flusskrebsen schmeckt dieses Gericht sehr gut.

Geräucherter Aal auf Bohnensalat

4 Portionen
100 Gramm grüne Bohnen
Salz
150 g Saubohnen
4 Stängel glatte Petersilie
4 Frühlingszwiebeln
2 Esslöffel Sherryessig
2 Teelöffel Dijonsenf
4 Esslöffel Olivenöl
schwarzer Pfeffer
4 Esslöffel Geflügelfond (Glas)
1 Prise Zucker
1 geräucherter Aal (siehe Seite 44)

Die grünen Bohnen waschen, putzen und in circa 4 cm lange Stücke schneiden. In kochendem Salzwasser 12 Minuten garen, in Eiswasser abschrecken, abgießen und in eine Schüssel geben.
Die Saubohnen nun schälen, in kochendem Salzwasser 5 Minuten garen, abgießen und zu den grünen Bohnen geben.
Die Petersilie waschen, trocken schütteln und grob hacken. Die Frühlingszwiebeln ebenfalls waschen, putzen und in Ringe schneiden, zu den Bohnen geben und alles miteinander mischen.
Aus Sherryessig, Senf, Olivenöl, Salz und Pfeffer eine Vinaigrette rühren. Mit Geflügelfond und Zucker abschmecken und über die Bohnen gießen. Vorsichtig mischen.
Den Bohnensalat auf vier Tellern anrichten. Den Aal in vier Stücke teilen, häuten und auf den Bohnen anrichten. Mit der gehackten Petersilie bestreuen.

Variation: Anstelle des geräucherten Aals schmecken auch Schillerlocken oder geräucherter Heilbutt.

Geräucherte Jakobsmuscheln mit Mango-Salsa

4 Portionen
12 frisch geräucherte Jakobsmuscheln (siehe Seite 49)
1 reife Mango
1 kleine grüne Gurke
½ rote Zwiebel
1 scharfe grüne Chilischote
1 Bund Koriander
3 EL frisch gepresster Limettensaft
Salz
Pfeffer

Die Mango halbieren und den Kern herausschneiden. Die Gurke schälen, halbieren, das Kerngehäuse mit Hilfe eines Teelöffels entfernen. Zwiebel, Mango und Gurke in kleine, etwa gleich große Würfel schneiden. Alles in eine kleine Schüssel geben.
Die Chilischote waschen, halbieren, das Kerngehäuse samt Stiel entfernen und sehr fein hacken. Den Koriander waschen, trocken tupfen und die Blättchen fein hacken. Beides unter die Mango-Mischung heben, mit Limettensaft mischen und mit Salz und Pfeffer abschmecken.
Die Salsa auf vier Tellern verteilen und je drei Jakobsmuscheln daraufsetzen.

Geräucherte Heringe mit Keniabohnen

4 Portionen
200 g Keniabohnen
1 Schalotte
20 g Butter
250 ml Gemüsebrühe
2 EL dunkler Aceto Balsamico
2 EL Rinderbrühe (Glas oder Würfel)
½ EL Olivenöl
Pfeffer
50 g Frühstücksspeck
4 frisch geräucherte Heringe (siehe Seite 48)
½ Bund Petersilie
Olivenöl

Die Bohnen waschen und trocken tupfen. Die Schalotte schälen, in feine Würfel schneiden und in der Butter andünsten. Die Bohnen dazugeben, die Gemüsebrühe zugießen und 10 Minuten lang garen. Abgießen und etwas abkühlen lassen.
Aus Aceto Balsamico, Öl und Pfeffer eine Vinaigrette rühren und unter die noch warmen Bohnen mischen.
Den Speck in feine Streifen schneiden und in einer Pfanne auslassen. Das Fett abgießen und die Speckstreifen unter die abgekühlten Bohnen mischen.
Die Petersilie waschen, trocken tupfen und die Blättchen hacken. Die Bohnen auf vier Tellern verteilen. Die Heringe mit etwas Olivenöl beträufeln und auf den Bohnen anrichten und mit gehackter Petersilie bestreuen.

Geräucherte Meerbarben auf gemischtem Salat

4 Portionen
200 g grobes Meersalz
100 g heller Rohrzucker
getrocknete Schale von 1 Zitrone
1 TL zerstoßene Fenchelsamen
1 TL zerstoßene Pfefferkörner
1 Packung gemischte Salatblätter (gewaschen)
3 EL dunkler Aceto Balsamico
3 EL Hühnerbrühe
1 EL Olivenöl
Salz
Zitronenpfeffer
100 g kernlose Weintrauben
2 EL Pistazienkerne
8 frische Meerbarbenfilets

Meersalz, Rohrzucker, die getrocknete Zitronenschale, Fenchelsamen und Pfefferkörner mischen und über die Meerbarbenfilets geben. Mit Folie abdecken und etwa 40 Minuten beizen. Das Salz abwischen und die Filets gut unter fließendem Wasser abspülen. Trocken tupfen und etwa eine Stunde in einem kalten, gut belüfteten Raum nachtrocknen lassen. Die Meerbarben etwa 10 Minuten im Wok räuchern (siehe Seite 27).
Den Salat in eine Schüssel geben, aus Aceto Balsamico, Hühnerbrühe, Olivenöl, Salz und Zitronenpfeffer eine Vinaigrette rühren und unter die Salatblätter heben.
Die Weintrauben waschen, trocken tupfen und halbieren oder vierteln. Mit den Pistazien über den Salat streuen.
Den Salat auf vier Tellern verteilen und mit den geräucherten Fischfilets anrichten.

Tipp: Dieser Salat schmeckt zu allen geräucherten Fischen.

Geräucherte Seezungenfilets mit Aioli

4 Portionen
8 frische Seezungenfilets
(oder 4 Seezungen von je circa 350 g)
500 g Spinat
3 EL Olivenöl
100 ml Gemüsebrühe
100 ml Olivenöl
1 Eigelb
2 Knoblauchzehen
Chilipfeffer
Limettensaft
Meersalz

Die Seezungenfilets bzw. die ganzen Seezungen räuchern (siehe Seite 46).
Das Olivenöl und die Gemüsebrühe in einem Topf erhitzen. Den Spinat zufügen und zusammenfallen lassen. Bei geringer Hitze etwa 5 Minuten garen.
Das Eigelb mit einem Handmixer verrühren, dann bei mittlerer Stufe das Olivenöl nach und nach im dünnen Strahl zulaufen lassen. Die Knoblauchzehen schälen, durch die Presse drücken und dazugeben. Mit Chilipfeffer, Meersalz und Limettensaft abschmecken. Die Seezungenfilets auf dem Spinat anrichten. Aioli dazureichen.

Tipp: Aioli schmeckt zu allen geräucherten Fischen, Krustentieren und Meeresfrüchten.

Erbsensuppe mit frisch geräucherten Jakobsmuscheln
(Rezept von Otto Koch)

4 Portionen
4 Schalotten
2 Stängel Bohnenkraut
2 EL Butter
300 g frische Erbsen
2 TL Mehl
500 ml Gemüsebrühe
200 ml Sahne
etwas Salz
Pfeffer
8 geräucherte Jakobsmuscheln (siehe Seite 49)
1 Bund Petersilie

Die Schalotten schälen und fein würfeln. Das Bohnenkraut waschen, trocken tupfen und die Blättchen abzupfen. Die Butter erhitzen und die Schalotten darin glasig dünsten. Dann die Erbsen zugeben und mitdünsten. Mit Mehl bestäuben, umrühren und mit der Gemüsebrühe ablöschen. Jetzt das Bohnenkraut zugeben und einige Minuten köcheln lassen.
Die Suppe mit dem Stabmixer fein mixen und die Sahne zugeben. Mit Salz und Pfeffer abschmecken.
Die Petersilie waschen, trocken tupfen und hacken. Die Suppe aufschäumen und in einem Suppenteller auf den in Scheiben geschnittenen Jakobsmuscheln anrichten. Mit gehackter Petersilie bestreuen und Baguette dazureichen.

Variation: Darf's auch mal deftiger sein? Dann geben Sie statt der Jakobsmuscheln entgrätete Räucheraalstücke in die Suppe.

Räucherforellen-Torte

4 Portionen
4 geräucherte Forellenfilets (siehe Seite 42)
2 Schalotten
1 kleine Fenchelknolle
1 EL Butter
100 ml Weißwein
400 ml Schlagsahne
Salz
weißer Pfeffer
8 Blätter weiße Gelatine
150 g Crème fraîche
3 TL Meerrettich (Glas)
70 ml Weißwein
150 ml Apfelsaft
Salz
Außerdem: Klarsichtfolie

Die Forellenfilets in kleine Stücke schneiden. Den Boden einer Springform (Ø 20 cm) mit Klarsichtfolie auslegen, dreiviertel der Forellenstückchen darauf verteilen und kalt stellen. Die Schalotten würfeln, den Fenchel waschen, trocken tupfen und das Grün beiseite legen. Den Fenchel in kleine Würfel schneiden. Butter in einem Topf erhitzen und die Schalotten- und Fenchelwürfel 2–3 Minuten darin dünsten. Mit Wein ablöschen und auf die Hälfte einkochen. 250 ml Sahne zugießen und die restlichen Forellenstückchen zufügen. Bei geringer Hitze 5 Minuten ziehen lassen. Mit Salz und Pfeffer würzen, vom Herd nehmen und mit dem Stabmixer pürieren. Vier Blätter Gelatine in kaltem Wasser einweichen. Ausdrücken und in der Forellensahne auflösen. 20 Minuten abkühlen lassen. Nun das Fenchelgrün fein hacken. Die lauwarme Forellensahne in eine Schale gießen. Die Crème fraîche und den Meerrettich zufügen und glatt rühren. Das Fenchelgrün hacken und unterheben. Die Schale kalt stellen, bis die Masse leicht zu gelieren beginnt. Nun die restliche Sahne steif schlagen und nach und nach vorsichtig unter die leicht gelierte Forellensahne heben.
Die Forellensahne auf die Forellenstücke in der Form füllen und die Oberfläche glatt streichen. Mindestens acht Stunden, am besten über Nacht, in den Kühlschrank stellen, bis die Masse fest ist.
Vier Blätter Gelatine in kaltem Wasser einweichen. Den Wein und den Apfelsaft bei mittlerer Hitze 5 Minuten kochen lassen, in eine Schale gießen und mit etwas Salz abschmecken. Ausgedrückte Gelatine im Apfelsud auflösen. Eine kleine Form mit Klarsichtfolie auslegen, den Apfelsud hineingießen und ebenfalls 8 Stunden oder über Nacht kalt stellen. Die Forellentorte mithilfe eines Küchenmessers vom Springformrand lösen und vorsichtig entfernen. Eine flache Tortenplatte oder einen großen flachen Teller auf die Forellentorte legen und vorsichtig wenden. Nun den Springformboden mit der Klarsichtfolie entfernen.
Das Apfelgelee mit der Klarsichtfolie aus der Form stürzen. Die Folie entfernen und das Gelee sehr fein hacken. Jetzt das Gelee auf der Räucherforellentorte verteilen. Dazu passen Bratkartoffeln (siehe Seite 90).

Variation: Die Torte kann man auch mit Räuchermakrele oder -aal zubereiten.

Blätterteigpasteten mit geräucherter Makrele

4 Portionen
8 Scheiben Tiefkühl-Blätterteig (à 90 g)
500 g Blattspinat
5 Frühlingszwiebeln
2 EL Öl
2 Knoblauchzehen
4 EL Rosinen
Salz
3 TL dunkler Aceto Balsamico
1 geräuchertes Makrelenfilet (siehe Seite 48)
1–2 Eigelb
Backpapier

Acht rechteckige Scheiben Tiefkühl-Blätterteig nebeneinander auftauen lassen. Den Backofen auf 200 °C vorheizen. Den Blattspinat verlesen, in einem großen Sieb mit kochendem Wasser überbrühen, abschrecken und abtropfen lassen. Dann kräftig ausdrücken und auflockern.
Die Frühlingszwiebeln putzen, waschen, trocken tupfen und das untere Drittel schräg in ½ cm dicke Ringe schneiden. In heißem Öl unter Rühren 2 Minuten anbraten und eine Knoblauchzehe dazupressen. Die Rosinen und den Spinat unterrühren und mit Aceto Balsamico würzen.
Die Makrele in kleine Stücke schneiden und unter den Spinat mischen. Das Eigelb mit etwas Wasser verquirlen und die Blätterteigscheiben damit bestreichen. Den Spinat jeweils in die Teigmitte geben. Auf einem mit Backpapier ausgelegten Blech im heißen Ofen auf der untersten Schiene 20 Minuten backen.

Tagliatelle mit geräucherter Lachsforelle und rosa Pfefferbeeren

4 Portionen
100 g Schalotten
1 Bund Dill
2 Knoblauchzehen
2 EL rosa Pfefferbeeren
125 g heißgeräuchertes Lachsforellenfilet (siehe Seite 43)
3 EL Olivenöl
250 ml Schlagsahne
Salz
300 g Tagliatelle
20 g Butter

Die Schalotten fein würfeln und den Knoblauch fein hacken. Die Pfefferbeeren in einem Mörser grob zerstoßen. Den Dill waschen, trocken tupfen und die Blättchen abzupfen. Die Lachsforelle in kleine Stücke schneiden.
Das Öl in einem Topf erhitzen, die Schalotten und den Knoblauch darin bei mittlerer Hitze 3 Minuten ohne Farbe dünsten. Die Sahne zugießen, etwa 6 Minuten kochen und salzen.
Die Nudeln in Salzwasser nach Packungsanweisung kochen und in einem Sieb abtropfen lassen, dabei 50 ml Nudelwasser auffangen. Das Nudelwasser und die Butter in einer Pfanne schwenken, die Nudeln dazugeben und alles mischen. Die Pfefferkörner und den Lachs in die Sauce geben. Die Nudeln mit der Lachssauce anrichten, mit den Dillblättchen garnieren und servieren.

Spinat-Lasagne mit Räucherlachs

4 Portionen
75 g Zwiebeln
40 g Butter
60 g Mehl
2 EL Rosenpaprika, scharf
1 l Milch
Salz
weißer Pfeffer
450 g Tiefkühl-Blattspinat
25 g Butter
Salz
Muskat
600 g warm geräucherter Lachs (siehe Seite 47)
16 vorgekochte Lasagneblätter
175 g geriebener Gouda
Fett für die Form

Die Zwiebeln fein würfeln und in der Butter glasig dünsten. Mit Mehl und Paprikapulver bestreuen. Die Milch nach und nach unterrühren und zum Kochen bringen. Die Sauce 25 Minunten unter häufigem Rühren bei milder Hitze kochen lassen. Salzen und pfeffern und durch ein Sieb geben.
Den Blattspinat in der Butter mit 5 EL Wasser bei milder Hitze auftauen lassen. In einem Sieb abtropfen lassen, dann in eine Schüssel geben, salzen und mit Muskat würzen. Den geräucherten Lachs in sehr dünne Scheiben schneiden.
Eine Auflaufform leicht einfetten und vier Lasagneblätter nebeneinander hineinlegen. Ein Viertel Béchamelsauce daraufgeben und ein Drittel des Spinats auf der Sauce verteilen. Ein Drittel der Lachsscheiben daraufgeben.
Die restliche Sauce, den Lachs, den Spinat und die Lasagneblätter ebenso einschichten. Mit Lasagneblättern abschließen und die restliche Sauce auf der Oberfläche verteilen. Den geriebenen Gouda darüberstreuen. Im vorgeheizten Ofen bei 190 °C auf der 2. Schiene von unten 35–40 Minuten backen.

Räucherfisch-Kartoffel-Auflauf

4 Portionen
1 Wirsing
1 Zwiebel
4 EL Öl
Salz
schwarzer Pfeffer
Muskatnuss
300 g saure Sahne
abgeriebene Zitronenschale
600 g Räucherfischfilet (z.B. Makrele, Heilbutt, Schellfisch)
2 Päckchen Kartoffelpüree
250 ml Milch
2 Eigelb
2 EL Paniermehl
2 EL Butterflöckchen
Fett für die Form

Den Wirsing waschen, halbieren, die äußeren Blätter entfernen und den Strunk herausschneiden. Die Wirsinghälften auf die Schnittfläche legen und in feine Streifen schneiden. In einem großen Topf mit kochendem Wasser übergießen und 10 Minuten garen. Dann kalt abschrecken und abtropfen lassen. Die Zwiebel fein würfeln und im heißen Öl glasig dünsten. Den Wirsing untermischen, salzen, pfeffern und mit Muskat würzen. In einer eingefetteten Auflaufform verteilen. Nun den Backofen auf 200 °C vorheizen. Die saure Sahne mit der Zitronenschale verrühren, salzen und pfeffern. Die Räucherfischfilets in 2 cm lange Stücke schneiden. Auf den Wirsing legen und saure Sahne darüber verteilen. Das Kartoffelpüree mit der Milch nach Packungsanweisung zubereiten. Das Eigelb mit einem Schneebesen unterrühren. Das Püree mit einem Esslöffel auf dem Räucherfisch verteilen. Mit Paniermehl bestreuen und Butterflöckchen daraufgeben. Den Auflauf im heißen Ofen auf der untersten Schiene 25 Minuten backen.

Eintopf von geräucherten Meerbarben und geräucherten Muscheln

4 Portionen
1 Zwiebel
250 g Fenchel
2 Lorbeerblätter
1 TL Pfefferkörner
2 EL Öl
1 Glas trockener Weißwein
1 l Fischfond (Glas)
2 Stängel Dill
Salz
schwarzer Pfeffer
1 rote Chilischote
250 g Karotten
2 TL Zitronensaft
400 g frisch geräucherte Meerbarben (siehe Rotbarsch „heißräuchern" Seite 47, allerdings nur 30 Minuten garen)
1 kg frisch geräucherte Muscheln (siehe Seite 49)

Die Zwiebel schälen und in Streifen schneiden. Den Fenchel waschen, trocken tupfen, putzen und längs halbieren. Das Fenchelgrün beiseite legen. Die Karotten schälen und genauso wie den Fenchel in dünne Scheiben schneiden.

Die Zwiebel, den Fenchel, die Karotten und die Lorbeerblätter zusammen mit den Pfefferkörnern im heißen Öl 2 Minuten anrösten, mit dem Weißwein ablöschen und den Fischfond zugießen. Einmal aufkochen, dann den Dill zugeben, offen bei milder Hitze 12–15 Minuten köcheln, mit Zitronensaft, Salz und Pfeffer abschmecken.
Die Chilischote in Ringe schneiden, die Kerne entfernen (Vorsicht, sie sind sehr scharf). Die geräucherten Meerbarben in mundgerechte Stücke schneiden, samt den geräucherten Muscheln in die Suppe geben und kurz darin erwärmen.
Das Fenchelgrün grob hacken und den Eintopf damit bestreuen und servieren.

Variation: Tauschen Sie die Muscheln gegen 16 geräucherte Garnelen aus oder fügen Sie sie dazu.

Kartoffelsuppe mit Schillerlocken

4 Portionen
200 g Porree
700 g Kartoffeln, mehlig kochend
2 EL Öl
800 ml Rinderfond
250 ml Schlagsahne
3 EL Meerrettich (Glas)
2 Schillerlocken (siehe Seite 46)
4 Scheiben Rote Beete (Glas)

Den Porree waschen, putzen, das Weiße und Hellgrüne in 2 cm breite Scheiben schneiden. Die Kartoffeln schälen und in 2 cm große Stücke schneiden.
Das Öl erhitzen und den Porree darin bei mittlerer Hitze 1–2 Minuten ohne Farbe andünsten. Die Kartoffeln, den Rinderfond und die Sahne zugeben. Zugedeckt bei mittlerer Hitze 20 Minuten kochen. Nun den Meerrettich zugeben und mit dem Stabmixer alles fein pürieren, salzen und warm stellen.
Die Rote Beete in kleine Würfel und die Schillerlocken in mundgerechte Streifen schneiden. Die Suppe in vier Teller füllen und die Schillerlocken darauf verteilen und Rote-Beete-Würfel daraufstreuen.

Variation: Verfeinern kann man die Suppe – beispielsweise für Gäste – indem man statt Schillerlocken Räucherlachs oder Räucherforelle verwendet.

Geräucherter Heilbutt mit Avocado-Grapefruit-Salat

4 Portionen
1 TL Dijon Senf
3 EL frisch gepresster Zitronensaft
Meersalz
schwarzer Pfeffer
6 EL Olivenöl
4 reife Avocados
2 rosa Grapefruits
600 g geräucherter Heilbutt (siehe Seite 46)

Den Senf mit dem Zitronensaft, dem Salz und dem Pfeffer mit einem Rührbesen in einer kleinen Schüssel mischen und das Olivenöl kräftig unterrühren.
Die Avocados halbieren und den Kern entfernen. Mithilfe eines Esslöffels die Frucht aus der Schale heben. Jede Hälfte in vier dicke Scheiben schneiden und sofort mit der Salatsauce mischen, damit sie nicht braun werden.
Die Grapefruit wie einen Apfel schälen und dabei auch die weiße innere Schale entfernen. Dann die Fruchtfilets aus den Membranen herausschneiden. Zu den Avocados geben und vorsichtig mischen.
Den Heilbutt in feine Scheiben schneiden und auf vier Tellern verteilen und mit dem Salat servieren.

Variation: Dieser Salat passt ebenso gut zu geräucherter Forelle oder geräucherter Makrele.

Fleisch

Geräucherte Schweinelende mit Weißkohl

(Aus der mallorquinischen Küche)

6 Portionen

1 Weißkohl
1 kg geräucherte Schweinelende (siehe Seite 53)
schwarzer Pfeffer
200 g Sobrasada oder Chorizo
2 Tomaten
2 Zwiebeln
2 Knoblauchzehen
½ Bund glatte Petersilie
250 g durchwachsener Räucherspeck
⅛ l trockener Weißwein
8 EL Olivenöl
100 g Pinienkerne
50 g Rosinen
350 ml Fleischbrühe
1 TL Paprikapulver, edelsüß

Den Backofen auf 180 °C vorheizen. Den Weißkohl in einzelne Blätter zerteilen und waschen. Die holzigen Blattrippen flach abschneiden. Die Weißkohlblätter kurz in Salzwasser blanchieren und anschließend mit kaltem Wasser abschrecken und abtropfen lassen. Die Kohlblätter einzeln auf die Arbeitsfläche legen.

Nun die Tomaten waschen und die Zwiebeln und den Knoblauch schälen. Die Zwiebeln fein hacken, den Knoblauch pressen und die Petersilie waschen, trocken tupfen und hacken.

Die Schweinelende in 12 Scheiben schneiden, salzen und pfeffern. 2 EL Olivenöl in einer Pfanne erhitzen und die Fleischstücke auf beiden Seiten leicht anbraten.

Die Chorizo in 12 Scheiben schneiden. Je ein Stück Fleisch mit einer Scheibe Chorizo belegen und in ein Kohlblatt einpacken. Die Päckchen eng nebeneinander bzw. aufeinander in eine feuerfeste Form legen.

Für die Sauce den Speck würfeln. Die Tomaten kreuzweise einritzen, in kochendes Wasser tauchen, kalt abschrecken, häuten und in kleine Würfel schneiden.

Das restliche Olivenöl in einem Topf erhitzen. Darin den Speck leicht anbräunen, Zwiebeln, Knoblauch und Tomaten dazugeben und 5 Minuten schmoren. Den Wein hinzufügen und etwas einkochen lassen. Die Fleischbrühe und die Rosinen dazugeben und 5 Minuten bei geringer Hitze kochen. Petersilie und Pinienkerne zur Sauce geben, salzen, pfeffern und mit Paprikapulver würzen.

Die Sauce über die Kohlpaketchen gießen (sie sollten bedeckt sein, also eventuell mit etwas Fleischbrühe auffüllen) und im Backofen etwa 20 Minuten backen.

Kapitel 3

Geräucherte Schweineschulter mit Ananasglasur

6 Portionen
1 Dose Ananasscheiben (850 ml)
300 g brauner Zucker
250 ml Wasser
3 EL körniger Senf
1 kg geräucherte Schweineschulter
(siehe Seite 53)
circa 30 Nelken
200 ml trockener Weißwein
1 Glas Senffrüchte (nach Belieben)

Die Ananas in kleine Stücke schneiden und mit ihrem Saft, Zucker und etwas Wasser zum Kochen bringen. Den Schaum abschöpfen und bei geringer Hitze etwa 60–75 Minuten köcheln lassen. Das Ananaskompott in eine Schüssel gießen und abkühlen lassen. Den Senf einrühren und abgedeckt für drei Tage in den Kühlschrank stellen.

Den Backofen auf 180 °C vorheizen. Die Fettschicht der Schweineschulter kreuz und quer einschneiden und eine Nelke in jede Kreuzung stecken.

Die Schweineschulter in einen Bräter setzen, mit Wein begießen und die gespickte Oberfläche mit der Ananasglasur einstreichen. Eine Alufolie darübergeben und im Ofen auf der untersten Schiene etwa eine Stunde backen.

Aus dem Ofen nehmen und die Temperatur auf 220 °C erhöhen. Die Schweineschulter mit der restlichen Glasur einstreichen und ohne Folie 30 Minuten im heißen Ofen backen. Dann herausnehmen und vor dem Servieren circa 30 Minuten ruhen lassen. Mit den Senffrüchten aus dem Glas servieren.

Kümmelgulasch

6 Portionen
2 Zwiebeln
1 rote Paprika
3 EL Schweineschmalz
1 kg heiß geräucherte Schweineschulter
(siehe Seite 53)
1 EL Kümmel
250 ml Rinderfond (Glas)
2 EL Paprikapulver, edelsüß
100 ml Sahne
schwarzer Pfeffer

Die Zwiebeln schälen und in grobe Würfel schneiden. Die Paprika waschen, trocken tupfen und halbieren. Das Kerngehäuse und den Stiel entfernen und die Paprikaschote in mundgerechte Stücke schneiden.

Nun das Fleisch in grobe Stücke schneiden, das Schweineschmalz erhitzen und das Fleisch darin kurz scharf anbraten. Die Zwiebel- und Paprikawürfel zufügen und bei mittlerer Hitze circa 5 Minuten weiter braten.

Den Kümmel einstreuen und mehrmals gut umrühren. Die Hälfte des Rinderfonds angießen, das Paprikapulver zufügen, alles gut mischen und bei geringer bis mittlerer Hitze circa eine Stunde garen. Nun den Rinderfond nach und nach zugießen.

Zum Schluss die Sahne unterrühren und mit Pfeffer abschmecken.

Dazu schmecken Bratkartoffeln (siehe Seite 90) oder Graubrot.

Bigos

(Polnisches Nationalgericht)

4 Portionen

100 g Trockenpflaumen
1/8 l Rotwein
500 g Weißkohl
1 Zwiebel
3 Tomaten
1 Knoblauchzehe
4 Zweige Majoran
2 EL Schweineschmalz
1 Lorbeerblatt
500 g geräucherte Schweineschulter
(siehe Seite 53)
schwarzer Pfeffer
250 g Sauerkraut
10 g getrocknete Steinpilze
1 EL Mehl

Die Trockenpflaumen in lauwarmem Wasser einweichen. Den Weißkohl waschen, halbieren, mit der Schnittfläche auf ein Küchenbrett legen und in dünne Streifen schneiden. Die Zwiebel schälen und hacken. Die Tomaten waschen, trocken tupfen und würfeln.

Majoran waschen, trocken tupfen und die Blättchen abstreifen, die Knoblauchzehe schälen und durchpressen. Die Schweineschulter in mundgerechte Stücke schneiden.

Die Zwiebeln im Schweineschmalz anbraten und mit Majoran, Lorbeerblatt, Knoblauch und Pfeffer würzen. Nun die Tomaten zugeben und mit dem Rotwein ablöschen und die Fleischwürfel ebenfalls dazugeben. Den Deckel auflegen und bei geringer Hitze circa 60 Minuten schmoren.

Den Weißkohl in Salzwasser 20 Minuten garen, abgießen, abtropfen lassen und zusammen mit dem Sauerkraut zum Fleisch geben. Die getrockneten Steinpilze darüberstreuen. Trockenpflaumen halbieren und zufügen, eventuell etwas Wasser angießen, den Deckel auflegen und bei geringer Hitze 15 Minuten kochen. Zum Schluss Mehl über den Kohl streuen und alles gut durchrühren. Dazu Salzkartoffeln oder Bauernbrot servieren.

Geräucherter Schweinenacken mit Saubohnen

6 Portionen
1,5 kg kalt geräucherter Schweinenacken
(siehe „Schweinelende kalträuchern" Seite 53)
1 Bund Suppengrün (Lauch, Karotte, Sellerie)
2 Lorbeerblätter
1 Zwiebel, gespickt mit 3 Gewürznelken
1 kg Saubohnen
4 Stängel Liebstöckel
50 g Butter
1 EL Mehl
1 Lorbeerblatt
2 Gewürznelken
Bohnenkraut
Salz
schwarzer Pfeffer

Wenn er durchs Pökeln oder Räuchern zu salzig bzw. zu trocken geworden ist, den Schweinenacken einige Stunden wässern. Das Fleisch in einen großen Topf mit Wasser geben und zum Kochen bringen. Den Schaum mit einer Kelle abschöpfen.
Das Suppengrün putzen, waschen, kleinschneiden und hinzufügen; ebenso die Lorbeerblätter und die mit Gewürznelken gespickte Zwiebel. Die Hitze reduzieren und 1 ½ Stunden zugedeckt gar ziehen lassen.

Die Saubohnen enthülsen und 5 Minuten in kochendem Wasser garen. Den Liebstöckel waschen, trocken tupfen und hacken.
Die Butter in einer Kasserolle zerlassen, Mehl zufügen und unter Rühren sämig einkochen lassen. Vom Herd nehmen und leicht abkühlen lassen, dann 250 ml vom heißen Fleischsud angießen und gut verrühren. Etwa 10 Minuten köcheln lassen. Mit Salz, Pfeffer und Liebstöckel abschmecken. Die Bohnen dazugeben und bei geringer Hitze einige Minuten ziehen lassen.
Zu diesem Gericht schmecken gekochte Kartoffeln.

Kasselerbraten mit Weißkraut

6 Portionen
1,5 kg Kasselernacken
(siehe „Schweinelende kalträuchern“ Seite 53)
6 EL Öl
Salz
1 TL Zucker
4 Lorbeerblätter
1 TL Wacholderbeeren
200 ml Kalbsfond
1 Weißkohl, circa 1 kg
100 g Zwiebeln
250 ml trockener Riesling
50 ml Schlagsahne
200 g Crème fraîche
Pfeffer
1 TL Speisestärke

Das Kasseler in einem Bräter in 4 EL heißem Öl rundum anbraten, Lorbeer und Wacholder dazugeben, mit Kalbsfond ablöschen und 200 ml Wasser dazugießen. Im vorgeheizten Backofen bei 170 °C auf der untersten Schiene 2 Stunden garen.

Den Kohl vierteln, den Strunk herausschneiden und in dünne, lange Streifen schneiden. Die Zwiebeln fein würfeln. Das restliche Öl in einer großen Pfanne erhitzen, die Zwiebeln und das Kraut darin fünf Minuten dünsten, dabei nur ganz wenig salzen und zuckern. Mit Wein ablöschen und während der letzten Stunde mit in den Bräter geben.
Das Kasseler aus dem Bräter nehmen, in Alufolie wickeln und zehn Minuten ruhen lassen. Das Kraut auf der Herdplatte aufkochen. Sahne und Crème fraîche einrühren und 5 Minuten einkochen lassen. Die Stärke mit wenig kaltem Wasser glatt rühren und das Kraut damit binden. Mit Salz, dem restlichen Zucker, Pfeffer und dem restlichen Riesling abschmecken.
Das Kasseler in Scheiben schneiden, mit Weißkraut und Semmelknödeln aus der Packung servieren.

Schweineschnitzel-Spieße mit Ananasreis

4 Portionen
200 g Langkornreis
3 EL Ahornsirup
1 Dose Ananasstücke (580 ml)
Meersalz
schwarzer Pfeffer
500 g kalt geräucherte Schweinelende
(siehe Seite 53)
2 rote Paprika
2 Frühlingszwiebeln
1 walnussgroßes Stück Ingwer
3 EL Erdnussöl
1 Limette, geachtelt
vier Holzspieße

Den Reis nach Packungsangabe kochen und beiseite stellen. Die Ananas durch ein Sieb geben, den Saft dabei auffangen und mit Ahornsirup mischen. Das Fleisch in 2 x 2 cm große Würfel schneiden. Die Paprika waschen, trocken tupfen und halbieren, die Kerne entfernen und die Paprikahälften in 2 x 2 cm große Stücke schneiden. Die Frühlingszwiebeln waschen, trocken tupfen und quer in Ringe schneiden. Den Ingwer schälen und reiben. Das Fleisch und die Paprikastücke abwechselnd auf vier Spieße stecken. Mit der Honigmischung bestreichen, salzen und pfeffern.
2 EL Erdnussöl in einer großen Pfanne erhitzen und die Spieße bei mittlerer Hitze circa 12–15 Minuten braten, dabei mehrfach wenden und immer wieder mit der Ahornsirupmischung bestreichen.
Den Reis mit dem restlichen Erdnussöl, den abgetropften Ananasstücken, den Frühlingszwiebeln und dem Ingwer mischen, auf vier Tellern verteilen und die Spieße darauf anrichten.
Variation: Herzhafter schmecken die Spieße, wenn Sie statt geräucherter Schweinelende geräuchertes Rinderfilet nehmen.

Geräucherte Schweineschulter im Brotteig

8 Portionen
750 g Weizenmehl
1 ½ Würfel Hefe
1 Prise Zucker
3 TL Salz
2 EL Kümmel
1 EL Olivenöl
150 ml Wasser
2 Kilo heiß geräucherte Schweineschulter
(siehe Seite 53)
1 Zwiebel
2 Lorbeerblätter
10 Wacholderbeeren
10 Nelken
Fett für das Blech

Die Hefe in 50 ml lauwarmem Wasser und dem Zucker auflösen. Das Mehl in eine Schüssel geben, in die Mitte eine Vertiefung drücken und die He-

feflüssigkeit hineingießen. Etwas verrühren und 20 Minuten zugedeckt gehen lassen.
Salz, Kümmel, das restliche Wasser und das Olivenöl zufügen und alles zu einem glatten Teig verkneten. Etwa 3 Stunden an einem warmen, dunklen Ort gehen lassen.
Zwei Liter Wasser mit der ganzen, geschälten Zwiebel, den Lorbeerblättern, den Wacholderbeeren und den Nelken zum Kochen bringen. Die Schweineschulter darin etwa eine Stunde köcheln lassen, dann aus der Brühe nehmen, gut abtropfen und abkühlen lassen.
Den Teig ausrollen und die Schweineschulter darin einschlagen, die Teigränder unter das Fleisch schieben. In die Oberseite ein paar Einschnitte in den Teig machen. Nochmals 20 Minuten gehen lassen.
Den Backofen auf 200 °C vorheizen, die Schweineschulter auf ein eingefettetes Backblech legen und 60–75 Minuten backen. Mit Senffrüchten aus dem Glas oder Sauerkraut servieren.

Tagliatelle Alfredo mit geräucherter Schweinelende

4 Portionen
200 g Champignons
2 Schalotten
1 Knoblauchzehe
300 g Tiefkühl-Erbsen
500 g Tagliatelle
Salz
400 g kalt geräucherte Schweinelende (siehe Seite 53)
3 EL Butterschmalz
2 Stängel Bohnenkraut
schwarzer Pfeffer
200 ml Schlagsahne
frisch geriebener Parmesan

Die Champignons mit Küchenkrepp säubern, die Stiele kürzen und die Pilze in dünne Scheiben schneiden. Die Schalotten schälen und fein hacken. Die Knoblauchzehe schälen und durch die Presse drücken. Die Nudeln und die Erbsen getrennt nach Packungsangaben in Salzwasser garen. Die Schweinelende in dünne Streifen schneiden, das Butterschmalz in einer Pfanne zerlassen. Die Pilze und die Zwiebel darin circa 5 Minuten dünsten, dann herausnehmen und beiseite stellen. Die Nudeln und die Erbsen abgießen.
Die Schweinelende im verbliebenen Fett kurz braten, die Pilz-Zwiebel-Mischung, die Erbsen und das Bohnenkraut dazugeben. Alles durchmischen und mit Pfeffer abschmecken. Die Sahne angießen und kurz aufkochen lassen.
Die Nudeln in eine vorgewärmte Schüssel schütten und mit der Sauce vermischen. Frisch geriebenen Parmesan dazureichen

Variation: Schmeckt auch mit geräuchertem Rinder- oder Rehfilet (siehe Seite 54 und 56).

Geräucherte Schweinenackensteaks auf Apfel-Lauch

4 Portionen
500 g Porree
4 Äpfel (z. B. Jonathan, Boskop)
40 g Butter
200 ml Apfelwein
60 g Crème fraîche
1 TL körniger Senf
Salz
weißer Pfeffer
4 frisch geräucherte Schweinenackensteaks
à 150–180 g (siehe Seite 52)

Den Porree putzen, längs halbieren, waschen und in schmale Streifen schneiden. Die Äpfel waschen, trocken tupfen, vierteln, entkernen und würfeln.
Die Butter in einer großen Pfanne erhitzen, den Porree hineingeben und unter Rühren 5 Minuten dünsten. Die Äpfel zufügen und kurz mitdünsten. Mit Apfelwein ablöschen und etwa 10 Minuten köcheln lassen.
Die Crème fraîche mit dem Senf verrühren und unter die Porree-Apfel-Mischung heben, salzen und pfeffern.
Die frisch geräucherten Schweinenackensteaks mit der Porree-Apfel-Mischung auf vier Tellern anrichten und servieren.

Graupensuppe mit geräucherter Schweineschulter

4 Portionen
3 EL Sonnenblumenöl
je 200 g Karotten, Porree, Sellerieknolle
und Zwiebeln
2 Kartoffen
200 g Perlgraupen
500 g geräucherte Schweineschulter
(siehe Seite 53)
2 l Rinderbrühe (Würfel)
1 Lorbeerblatt
1 Bund Liebstöckel

Die Karotten und den Sellerie schälen und in kleine Würfel schneiden. Die Zwiebeln schälen und hacken. Den Porree putzen, längs teilen und waschen, dann in dünne Streifen schneiden. Liebstöckel waschen, trocken tupfen und hacken.
Das Öl in einem Topf erhitzen und die Gemüsewürfel darin andünsten. Die Rinderbrühe zugießen und die Graupen einrieseln lassen. Das Fleisch zufügen und alles einmal kurz aufkochen lassen.
Das Lorbeerblatt und den Liebstöckel in die Brühe geben und bei geringer Hitze etwa eine Stunde köcheln lassen.

Variation: Die Suppe schmeckt auch, wenn man „geräuchertes Ochsenbein“ (siehe Seite 89) verwendet.

Geräucherte Schweineschnitzel mit Brokkoli

4 Portionen
600 g Brokkoli
1 EL Olivenöl
4 geräucherte Schweineschnitzel
à circa 200 g (siehe Seite 52)
60 g Butter
Pinienkerne
4 Scheiben Serrano-Schinken
Salz
schwarzer Pfeffer
geriebene Muskatnuss
200 ml Fleischbrühe
1 Zweig Thymian
1 TL Dijon Senf

Den Brokkoli waschen, in Röschen zerteilen und bissfest garen.
Das Öl in der Pfanne erhitzen und die Schnitzel darin auf jeder Seite braun braten und danach warm stellen.
Die Butter in die Pfanne geben und leicht aufschäumen lassen. Die Hitze reduzieren, den Brokkoli, die Pinienkerne und den fein geschnittenen Serrano-Schinken hinzufügen. Salzen, pfeffern und mit Muskatnuss würzen.
Den Thymianzweig waschen, trocken tupfen und die Blättchen abstreifen. Die Fleischbrühe mit dem Senf erhitzen und die Thymianblättchen zufügen. Den Brokkoli mit den Schnitzeln auf vier Tellern anrichten und das Fleisch mit der Sauce begießen.
Dazu schmecken Bratkartoffen (siehe Seite 90).

Geräucherte Lammkoteletts mit Bohnenkernen

4 Portionen
1 Bund Petersilie
2 Stängel Thymian
2 Knoblauchzehen
1 Fleischtomate
6 EL Olivenöl
½ TL Zitronenpfeffer
8 geräucherte Lammkoteletts
(siehe „Lammfilets heißräuchern“ Seite 55)
schwarzer Pfeffer
2 Gläser grüne Bohnenkerne (Flageolets) à 425 g

Die Petersilie und den Thymian waschen und trocken tupfen. Die Petersilie hacken und die Thymianblättchen von den Stängeln streifen. Den Knoblauch schälen und pressen.
4 EL Olivenöl mit dem Zitronenpfeffer und dem Thymian mischen und die Lammkoteletts damit bestreichen.
Das restliche Olivenöl erhitzen und die Lammkoteletts auf beiden Seiten kurz anbraten, dann herausnehmen und warm stellen.
Die Fleischtomate würfeln, mit dem Knoblauch in die heiße Pfanne geben und kurz braten. Die Bohnen abgießen und zugeben. Kurz erhitzen und mit je zwei Lammkoteletts auf vier Tellern anrichten. Dazu schmecken Bratkartoffeln (siehe Seite 90).

Geräucherte Lammkeule mit Paprikasauce und gebratener Polenta

6 Portionen

4 rote Paprikaschoten
200 g Zwiebeln
2 Knoblauchzehen
8 EL Olivenöl
500 ml Lammfond (Glas)
200 ml Schlagsahne
Zitronenpfeffer
Salz
250 g Polenta (Maisgrieß)
1 TL Salz
1 EL Butter
100 g geriebener Parmesan
1 frisch geräucherte Lammkeule

Die Polenta am Vortag folgendermaßen zubereiten: 1 l Wasser zum Kochen bringen, Salz zufügen und die Polenta einrühren. Bei schwacher Hitze 20 Minuten quellen lassen, dabei immer wieder umrühren. Die Butter unterrühren und den Parmesan gut untermischen. Die Polenta in eine Kastenform gießen und abkühlen lassen.
Die Paprika längs halbieren und entkernen. Mit der Hautseite nach oben auf ein Backblech legen. Unter dem vorgeheizten Backofengrill auf der zweiten Schiene von oben so lange rösten, bis die Haut schwarze Blasen wirft.
Aus dem Ofen nehmen und mit einem feuchten Küchentuch 30 Minuten abgedeckt abkühlen lassen. Dann die Haut abziehen und die Paprika in grobe Stücke schneiden. Die Zwiebeln und den Knoblauch in feine Würfel schneiden.
4 EL Olivenöl erhitzen und Zwiebeln und Knoblauch darin glasig dünsten. Die Paprika zufügen und kurz mitdünsten. Mit Lammfond auffüllen und 10 Minuten bei mittlerer Hitze kochen lassen. Die Sahne dazugießen und weitere 10 Minuten köcheln lassen. Mit dem Stabmixer sehr fein pürieren. Kurz aufkochen und mit Zitronenpfeffer und Salz abschmecken und beiseite stellen.
Die Polenta in 2 cm dicke Scheiben schneiden. 4 EL Öl in einer Pfanne erhitzen und die Scheiben darin bei mittlerer Hitze von beiden Seiten braun braten.
Falls nötig, die Lammkeule im Backofen erwärmen. Das Fleisch in Scheiben schneiden und mit den Polentaschnitten und der Paprikasauce auf sechs Tellern anrichten.

Eintopf mit geräuchertem Ochsenbein

4 Portionen
1 Bund Suppengrün
1 große Zwiebel
10 Wacholderbeeren
4 EL Öl
2 frisch geräucherte Ochsenbeinscheiben à 350 g
(siehe „Schweinekotelett heißräuchern" Seite 52)
2 Lorbeerblätter
12 schwarze Pfefferkörner
400 g Karotten
100 g getrocknete Pflaumen
300 g Kartoffeln
1 Bund Petersilie

Das Suppengrün waschen, putzen und in grobe Stücke schneiden. Die Zwiebel halbieren und mit den Schnittflächen in eine Pfanne legen. Bei mittlerer bis starker Hitze die Schnittflächen dunkelbraun rösten.
Die Wacholderbeeren zerdrücken. Das Öl in einem Bräter erhitzen, das Fleisch trocken tupfen und bei mittlerer Hitze auf jeder Seite 2 Minuten anbraten, dann herausnehmen. Das Suppengrün im Bratfett ebenfalls kurz anbraten.
Zwiebel, Wacholder, Lorbeer, Pfefferkörner und 2 l Wasser zugeben und zugedeckt aufkochen lassen. Die Ochsenbeinscheiben zugeben und bei milder Hitze im halb geschlossenen Topf 1 ½ Stunden gar ziehen lassen. Karotten und Kartoffeln waschen, schälen und in Würfel schneiden.
Das Fleisch aus der Brühe nehmen und die Brühe durch ein Sieb in einen Topf gießen und aufkochen. Die Pflaumen halbieren und mit Karotten und Kartoffeln in die Brühe geben und zugedeckt bei milder Hitze 20 Minuten kochen. Die Petersilie waschen, trocken tupfen und hacken.
Das Fleisch in großen Stücken von den Knochen lösen und wieder in die Brühe geben. Den Eintopf auf vier Tellern verteilen und mit Petersilie bestreut servieren.

Variation: Statt mit Ochsenbein kann man die Suppe auch mit 750 g geräucherter Schweineschulter (siehe Seite 53) zubereiten.

Geräuchertes Rinderfilet mit selbstgemachter Kräuterbutter und Bratkartoffeln

4 Portionen

500 g Kartoffeln, fest kochend
Salz
100 g weiche Butter
1 Bund gemischte Kräuter
(Estragon, Dill, Kerbel, Petersilie)
1 TL Zitronenpfeffer
1 Zwiebel
50 g Butterschmalz
schwarzer Pfeffer
4 frisch geräucherte Rinderfilets à 150 g
(siehe Seite 54)

Die Kartoffeln am Vortag waschen, schälen und in Salzwasser 25 Minuten garen. Nach dem Abkühlen mit Folie bedeckt kühl stellen.
Die Butter mit dem Handrührgerät cremig-weißlich aufschlagen. Die Kräuter fein hacken und die Butter mit den Kräutern, der Zitronenschale, Salz und Pfeffer würzen. Zugedeckt 30 Minuten kalt stellen.
Die Kartoffeln in Scheiben schneiden. Das Butterschmalz in einer großen Pfanne zerlassen und die Zwiebeln darin andünsten. Die Kartoffeln zufügen und bei mittlerer Hitze in 15 Minuten unter mehrfachem Wenden goldbraun braten. Salzen und pfeffern.
Die frisch geräucherten Filets auf vier Teller geben und mit der Kräuterbutter und den Bratkartoffeln anrichten. Dazu schmeckt ein gemischter Salat.

Geräuchertes Lammfilet mit Portwein-Feigen

6 Portionen

250 ml Portwein
100 ml leichter Rotwein
1 EL brauner Zucker
3 Gewürznelken
2 Pimentkörner
1 Lorbeerblatt
6 reife Feigen
1 Zweig Rosmarin
6 frisch geräucherte Lammfilets
(siehe Seite 55)
schwarzer Pfeffer
Meersalz
2 EL Olivenöl

Den Portwein mit Rotwein, Zucker, Nelken, Pimentkörnern und dem Lorbeerblatt aufkochen. Die Feigen mit einer Gabel mehrmals einstechen, die Spitzen abschneiden und 3 Minuten im Portwein-Fond leicht garen, dann darin abkühlen lassen.
Den Rosmarinzweig waschen, trocken tupfen, die Nadeln abstreifen und grob hacken.
Die Feigen aus dem Fond nehmen und in je vier Spalten schneiden. Den Fond durch ein Sieb passieren und sirupartig einkochen. Die Feigenspalten auf vier Tellern anrichten.
Die Filets in einer Pfanne in zerlassener Butter kurz braten, jeweils schräg in drei Scheiben schneiden und auf die Feigen setzen. Mit Feigenfond begießen und Rosmarin bestreuen. Dazu schmeckt frisches Baguette.

Pochiertes, geräuchertes Rinderfilet auf gedünsteten Karotten

4 Portionen
400 ml Gemüse- oder Rinderfond (Glas)
600 g Rinderfilet
500 g Karotten
4 EL Butter
1 ½ Bund glatte Petersilie
2 Stiele Dill
½ Bund Estragon
2 Schalotten
20 g Butter
3 EL Weißwein
250 ml Schlagsahne
Pfeffer
Zucker
Küchengarn

Den Fond mit etwa 1 ½ l Wasser zum Kochen bringen. Das Filet mit Küchengarn umwickeln und an einem Kochlöffel befestigen. Das Fleisch so in den Topf mit dem Fond hängen, dass es rundherum frei schwebt und gleichmäßig garen kann. Bei milder Hitze 15 Minuten pochieren.
Herausnehmen und im Wok 20 Minuten mit Hickorymehl und Kräutern nach Geschmack räuchern (siehe Seite 27).
Die Karotten waschen und trocken tupfen, anschließend in dünne Scheibchen hobeln. Die Butter in einem Topf zerlassen, 200 ml Wasser zugießen, Salz zufügen und zum Kochen bringen. Die Karotten hineingeben und 10 Minuten bei geringer Hitze dünsten.
½ Bund Petersilie waschen, trocken tupfen und hacken. Über die fertig gedünsteten Karotten streuen.
Die restliche Petersilie und die anderen Kräuter von den Stielen zupfen und hacken. Die Schalotten pellen und würfeln. Die Butter bei geringer Hitze zerlassen, die Schalottenwürfel darin andünsten. Den Weißwein unterrühren, die Schlagsahne zugeben und cremig einkochen. Salzen, pfeffern und mit einer Prise Zucker würzen und von der Kochstelle nehmen.
Die gehackten Kräuter und 6 EL des Rinderfonds zur Sauce geben und abschmecken, dabei nicht mehr kochen lassen. Die Sauce auf vier Tellern verteilen. Das Filet in vier Scheiben schneiden (Küchengarn entfernen) und je eine Scheibe auf die Sauce setzen.
Mit Karotten und Bratkartoffeln (siehe Seite 90) servieren.

Geräuchertes Ochsenschwanz-Ragout

6 Portionen
2 Zwiebeln
4 Karotten
350 g Stangensellerie
1 kleiner Knollensellerie
100 g durchwachsener, geräucherter Speck
5 Knoblauchzehen
1 ½ kg geräucherter Ochsenschwanz in 3–4 cm dicken Scheiben
(siehe „Schweinekoteletts heißräuchern", Seite 52)
etwas Mehl
Pfeffer
9 EL Olivenöl
1 Dose Tomaten (850 ml)
1 Tube Tomatenmark
100 g Rosinen
100 g Pinienkerne
1 Bund Basilikum
je ½ TL Thymian, Oregano, Majoran
2 Lorbeerblätter
½ l trockener Rotwein
½ l Rinderfond

Die Zwiebeln, die Karotten und die Sellerieknolle schälen und würfeln. Den Stangensellerie putzen, die Enden abschneiden und die Stangen in dünne Scheiben schneiden. Den Knoblauch pressen und den Speck würfeln.
Das Mehl mit dem Pfeffer mischen und die Ochsenschwanz-Stücke darin wenden. Dann 3 EL Olivenöl in einer großen Pfanne erhitzen und die Ochsenschwanz-Stücke darin rundherum anbraten.
Die Zwiebeln, den Speck und den Knoblauch im restlichen Olivenöl in einem Schmortopf dünsten. Die Ochsenschwanz-Stücke in den Schmortopf geben.

Das Gemüse und die Kräuter in die Pfanne geben, circa 4 Minuten dünsten und mit 100 ml Wein ablöschen. Das Tomatenmark einrühren und mit dem Rinderfond über das Fleisch im Schmortopf gießen. Rosinen und Pinienkerne zufügen, pfeffern.
Auf kleiner Flamme köcheln lassen, ab und zu umrühren und 1 ½ Stunden köcheln lassen. Zwischendurch abwechselnd Wein und Brühe nachgießen. Dazu schmeckt gebratene Polenta (siehe Seite 88).

Geräucherte Rinderbrust mit Baked Beans aus dem Ofen

8 Portionen
750 g getrocknete weiße Bohnen
3 EL brauner Zucker
2 TL Salz
Salz, schwarzer Pfeffer
2 EL Dijon Senf
2 EL Rübenkraut
100 ml Ketchup
150 ml Ahornsirup
2 dicke Scheiben geräucherter, durchwachsener Speck
2 kg frisch geräucherte Rinderbrust (siehe Seite 54)

Die Bohnen in einem Topf mit leicht gesalzenem Wasser bedecken und eine Stunde köcheln lassen. Den Backofen auf 150 °C vorheizen. Zucker, Salz, Pfeffer, Senf, Rübenkraut, Ketchup und Ahornsirup in einer großen Schüssel verrühren. Die Bohnen abgießen und dazugeben.

Auf den Boden einer feuerfesten Form oder eines gusseisernen Topfes eine der beiden Speckscheiben legen. Die Bohnen einfüllen und die zweite Scheibe Speck obendrauf legen.

Die Bohnen mit kochendem Wasser bedecken und die Form mit Alufolie, den Topf mit dem Deckel verschließen. 5 Stunden garen lassen, währenddessen immer wieder mit etwas Wasser begießen. Während der letzten halben Stunde die Folie bzw. den Deckel abnehmen.

Die Bohnen zur geräucherten „Rinderbrust Texas Style“ servieren.

Geflügel

Gratinierte geräucherte Putenschnitzel

4 Portionen
1 Bund Rucola
30 g Pinienkerne
50 g geriebener Pecorino
30 g geriebener Gouda
250 g kleine Strauchtomaten
1 mittelgroße Zwiebel
4 EL Olivenöl
8 kleine geräucherte Putenschnitzel
(siehe „Hähnchenbrust heißräuchern" Seite 57)
Salz
150 ml trockener weißer Vermouth (Noilly Prat)
1 Prise Zucker
50 ml Schlagsahne

Den Rucola waschen und trocken tupfen und in schmale Streifen schneiden. Pinienkerne hacken. Geriebenen Käse mit Rucola und Pinienkernen mischen.
Die Tomaten waschen, trocken tupfen und vierteln. Zwiebeln pellen und hacken.
Öl in einer Pfanne erhitzen. Zwiebeln und Kirschtomaten eine Minute in der Pfanne braten und mit Vermouth ablöschen. Den Zucker und die Sahne zugeben und einmal aufkochen. Die frisch geräucherten Putenschnitzel in eine flache feuerfeste Form geben, die Käsemischung darüber verteilen, unter dem Backofengrill circa 4 Minuten überbacken und mit der Sauce servieren.

Geräucherte Gänsebrust mit Champagnerkraut

4 Portionen
2 EL Gänseschmalz
750 g frisches Sauerkraut
2 Wacholderbeeren
1 Lorbeerblatt
250 ml Champagner (oder Sekt)
20 grüne kernlose Weintrauben
1 heiß geräucherte Gänsebrust
(siehe „Putenkeulen heißräuchern"
Seite 57)

Das Gänseschmalz in einem Topf erhitzen und das Sauerkraut zusammen mit den Gewürzen kurz darin anschmoren. Nach und nach den Champagner angießen und circa 15 Minuten köcheln lassen. Nun die Weintrauben waschen und halbieren, große Trauben vierteln. Die frisch geräucherte Gänsebrust in Scheiben schneiden. Das Sauerkraut vom Herd nehmen und die Trauben untermischen. Die Gänsebrust mit dem Sauerkraut auf einer Platte anrichten und servieren.
Dazu schmecken Semmelknödel.

Geräucherte Gänseleber auf Wirsing mit Granatapfelkernen

4 Portionen
100 g Rohrzucker
100 g grobes Meersalz
1 TL gemischte Pfefferkörner aus der Mühle
4 Gänselebern, circa 130 g pro Stück
2 Schalotten
500 g Wirsing
4 EL Butter
50 ml Portwein
100 ml Geflügelfond
1 Granatapfel

Den Rohrzucker, das Salz und den Pfeffer mischen. Die Gänselebern so damit bestreuen, dass sie völlig bedeckt sind und etwa 30 Minuten ziehen lassen.
Die Beize abreiben und die Gänselebern trocken tupfen. Etwa eine Stunde in einem kühlen, luftigen Raum nachtrocknen lassen. Die Gänselebern circa 5 Minuten im Wok räuchern (siehe „Entenbrust heißräuchern“ Seite 57).
Die Schalotten schälen und in kleine Würfel schneiden. Den Wirsingstrunk herausschneiden, äußere Blätter entfernen und den Wirsing in einen Zentimeter breite Streifen schneiden. Salzwasser zum Kochen bringen, den Wirsing darin 2 Minuten blanchieren, abgießen, mit kaltem Wasser abschrecken und gut abtropfen lassen. Nun die Butter in einer Pfanne erhitzen, die Schalottenwürfel darin glasig dünsten, mit Zucker bestreuen und karamellisieren. Mit Portwein und Geflügelfond ablöschen und etwas einkochen lassen. Den Wirsing dazugeben und nochmals 2 Minuten dünsten. Mit Salz, Pfeffer und Muskatnuss würzen. Den Wirsing auf vier Tellern verteilen und die Gänselebern darauf anrichten. Den Granatapfel halbieren und die Kerne über die Gänselebern streuen. Dazu schmeckt Röstbrot.

Geräucherte Entenbrust auf Linsen-Orangen-Salat

4 Portionen
100 g Puy Linsen
50 g Feldsalat
2 Orangen, davon 1 unbehandelt
1 rote Zwiebel
1 Knoblauchzehe
4 EL Orangensaft
4 EL Olivenöl
Meersalz
schwarzer Pfeffer aus der Mühle
1TL gemahlener Kreuzkümmel
½ TL brauner Zucker
Chilipulver
2 große, frisch geräucherte Entenbrüste à circa 300 g (siehe Seite 57)

Die Linsen in einem Topf mit Wasser bedecken und in 30 Minuten garen. Abgießen, gut abtropfen und etwas abkühlen lassen.
Den Feldsalat waschen und abtropfen lassen. Von der unbehandelten Orange die Schale abreiben und beiseite stellen. Die abgeriebene Orange zu Ende schälen, die andere Orange komplett schälen und dabei auch die weiße innere Schale entfernen. Beide Orangen danach filettieren und in eine Schüssel geben.
Die Zwiebel schälen, halbieren, in dünne Ringe schneiden und mit den Orangen mischen. Den Knoblauch schälen und durch die Presse drücken. Das Olivenöl und den Orangensaft mit der abgeriebenen Orangenschale und Salz, Pfeffer, Kreuzkümmel, Zucker und Chilipulver nach Belieben mischen.
Den Feldsalat und die Linsen mit den Orangen und den Zwiebeln vorsichtig vermengen. Die Salatsauce darübergießen und zur frisch geräucherten und in Scheiben geschnittenen Ente servieren.

Provençalischer Bohneneintopf mit geräucherten Hähnchenkeulen

4 Portionen
200 g Zwiebeln
2 Knoblauchzehen
1 Stängel Rosmarin
4 Stängel Thymian
8 geräucherte Hähnchenkeulen
(siehe Seite 57)
6 EL Olivenöl
Salz, schwarzer Pfeffer
150 ml trockener Rotwein
150 ml Geflügelfond (Glas)
400 g geschälte Dosentomaten (850 g)
1 Glas weiße Bohnen (425 g)
1 Dose rote Bohnen (425 g)
1 Zucchini
1 rote Paprikaschote
1 gelbe Paprikaschote
1 frische rote Chilischote

Die Zwiebeln schälen und grob würfeln. Die Knoblauchzehen ebenfalls schälen und durch die Presse drücken. Die Kräuter zerkleinern und trocken tupfen. Rosmarinnadeln und Thymianblätter abstreifen und fein hacken.
3 EL des Olivenöls in einem Schmortopf erhitzen und die Hähnchenkeulen darin rundherum braun anbraten. Danach herausnehmen und beiseite stellen. Den Backofen auf 200 °C vorheizen.
Die Zwiebeln und den Knoblauch mit 1 Esslöffel Olivenöl glasig dünsten und die Hälfte der Kräuter zugeben. Mit Salz und Pfeffer würzen und mit Rotwein und Geflügelfond ablöschen. Weiße und rote Bohnen und Tomaten mit Saft zugeben und alles zugedeckt im vorgeheizten Backofen auf der untersten Schiene bei 200 °C 25 Minuten garen.
Die Zucchini putzen, waschen und in einen halben Zentimeter dicke Scheiben schneiden. Die Paprika halbieren, entkernen, mit dem Sparschäler schälen und in mundgerechte Stücke schneiden. Die Chilischote halbieren, Stile und Kerne entfernen und die Schote fein hacken. Das restliche Olivenöl erhitzen und die Zucchini darin bei starker Hitze goldbraun anbraten.
Paprika und Chilischote mit den restlichen Kräutern zugeben. Mit Salz und Pfeffer würzen und mit den Hähnchenkeulen in den Schmortopf geben. Noch zehn Minuten im Ofen weitergaren und in Suppentellern servieren. Dazu passt Baguette.

Variation: Man kann den Bohneneintopf auch mit geräucherter Wildschweinkeule (siehe Seite 16) zubereiten.

Ragout von geräuchertem Hähnchen unter der Haube

4 Portionen
3 Scheiben Tiefkühl-Blätterteig
1 Karotte
1 Zwiebel
1 Fenchelknolle
2 EL Butter
50 g Mehl
250 ml Milch
400 ml Geflügelfond (Glas)
Zitronenpfeffer
Saft von ½ Zitrone
1 geräuchertes Hähnchen, 1000 g (siehe Seite 56)
Außerdem: Mehl zum Ausrollen

Den Blätterteig auftauen lassen. Die Karotte und die Zwiebel schälen und in kleine Würfel schneiden. Den Fenchel putzen, waschen und ebenfalls in Würfel schneiden. Backofen auf 200 °C vorheizen. Nun die Butter in einem Topf erhitzen und das Gemüse darin 8–10 Minuten dünsten. Das Mehl einstreuen und etwa 2 Minuten rühren. Nach und nach die Milch und den Geflügelfond zugießen und so lange rühren, bis eine glatte, weiße Sauce entsteht. Mit Zitronenpfeffer und Zitronensaft abschmecken. 6–8 Minuten köcheln lassen, dabei immer wieder umrühren.
Das Hähnchenfleisch von den Knochen lösen, in mundgerechte Stücke schneiden, in die Sauce geben und die Mischung in eine feuerfeste Form füllen.
Die aufgetauten Blätterteigplatten aufeinander legen und je nach der Größe der feuerfesten Form auf einer mit Mehl bestreuten Arbeitsplatte rund oder oval ausrollen. Den unteren Rand des Teiges mit einem verquirlten Eigelb bestreichen, auf die Form legen und die überstehenden Ränder andrücken.
20–25 Minuten im Ofen backen und vor dem Servieren etwas abkühlen lassen.

Kartoffelgratin mit geräucherter Entenbrust

4 Portionen
500 g festkochende Kartoffeln
1 EL Butter
250 ml Sahne
Salz, Muskat
200 g Gouda oder Edamer Käse
1 frisch geräucherte Flugentenbrust, circa 350 g (siehe Seite 57)

Den Backofen auf 180 °C vorheizen. Die Kartoffeln waschen, schälen und in dünne Scheiben hobeln. Eine feuerfeste Form mit Butter einfetten und die Kartoffeln hineinschichten. Nun die Sahne mit Salz und Muskat würzen und über die Kartoffeln gießen. Den Käse grob reiben und auf die Kartoffeln streuen. Im Backofen circa 45 Minuten backen.
Die Entenbrust in ½ cm dicke Scheiben schneiden, nach 25 Minuten Backzeit auf dem Käse verteilen und während der letzten 20 Minuten mitbacken. Dazu schmeckt gemischter Salat.

Partyteller: Geräucherte Hähnchenkeulen und geräucherte Bratwürstchen auf Kartoffelsalat

4 Portionen
1 kg festkochende Kartoffeln
Salz
¼ Liter Rinderbouillon (Würfel)
1 Zwiebel
1 säuerlicher Apfel
3 Gewürzgurken
1 Bund Petersilie
200 g Mayonnaise
100 g Joghurt
weißer Pfeffer, Salz
8 frisch geräucherte Hähnchenkeulen (siehe Seite 57)
8 frisch geräucherte Nürnberger Bratwürstchen (sie werden nicht gepökelt, aber zusammen mit den Hähnchenkeulen geräuchert)

Die Kartoffeln am Vortag in Salzwasser kochen, pellen und in einer Schüssel mit Folie abgedeckt kühl stellen. Abgekühlte Kartoffeln in dünne Scheiben schneiden und in eine Salatschüssel geben. Die heiße Rinderbouillon darübergießen und beiseite stellen. Die Zwiebel schälen, in kleine Würfel schneiden und zu den Kartoffeln geben. Den Apfel waschen, trocken tupfen, vierteln und entkernen. Gewürzgurken und Apfelviertel ebenfalls in kleine Würfel schneiden und zur Seite stellen.

Die Petersilie waschen, trocken tupfen und hacken. Die Mayonnaise mit dem Joghurt mischen und mit weißem Pfeffer und Salz würzen.
Die Kartoffeln mit der Mayonnaisemischung vermengen, Äpfel und Gurken darunter heben und etwa 2 Stunden durchziehen lassen.
Den Kartoffelsalat zu den frisch geräucherten Hähnchenschenkeln und den Bratwürstchen reichen.

Variation: Statt des Apfels können Sie auch zwei entkernte, klein gewürfelte Tomaten unter den Salat mischen.

Geräucherte Hähnchenbrust mit Couscous-Salat

4 Portionen
4 geräucherte Hähnchenbrüste (siehe Seite 57)
3 cm frische Ingwerwurzel
2 Schalotten
1 Knoblauchzehe
50 g Sultaninen
Salz
200 g Couscous (Instant)
8 EL Olivenöl
4 EL Zitronensaft
100 ml Geflügelfond (Glas)
60 g Pinienkerne
Pfeffer
Chilipfeffer
½ TL Zimt

Den Ingwer schälen und in sehr feine Würfel schneiden. Die Schalotten und den Knoblauch schälen und ebenfalls fein würfeln. 250 ml Salzwasser zum Kochen bringen und über den Couscous gießen, umrühren und 5 Minuten quellen lassen. Dann die Masse mit einer Gabel auflockern. Nun die Pinienkerne in einer unbeschichteten Pfanne gold-braun rösten und abkühlen lassen. Das Olivenöl erhitzen und den Ingwer, die Schalotten und den Knoblauch darin andünsten. Mit Zitrone und Geflügelfond ablöschen und zum noch warmen Couscous geben. Mit Salz, Pfeffer, Chilipfeffer und Zimt abschmecken. Zum Schluss die Pinienkerne und die Rosinen untermischen und den Couscous-Salat etwa 30 Minuten durchziehen lassen. Anschließend zu den frisch geräucherten Hähnchenbrüsten servieren.

Geräucherte Putenkeulen mit gemischtem Salat

4 Portionen
2 gepökelte Putenkeulen (siehe Seite 57)
2 Stängel Salbei
Zitronenpfeffer
1 Eisbergsalat
½ kleiner Rotkohl
1 große Karotte
4 Stangen Sellerie
1 Schalotte
1 EL Maiskeimöl
4 EL Apfelessig
2 EL Gemüsefond
Salz
schwarzer Pfeffer
1 Apfel
4 EL gehackte Walnüsse

Die gepökelten und getrockneten Putenkeulen längs aufschneiden und mit einem spitzen, scharfen Messer den Knochen entfernen. Das Fleisch flach auf eine Arbeitsfläche legen und mit Zitronenpfeffer bestreuen. Einen Stängel Salbei in die Mitte legen. Das Putenfleisch aufrollen, mit Küchengarn zubinden und wie auf Seite 57 beschrieben räuchern. Den Salat und den Rotkohl waschen und in feine Streifen hobeln. Die Karotte waschen, trocken tupfen, schälen und grob reiben. Den Stangensellerie ebenfalls putzen, waschen, trocken tupfen und in dünne Scheibchen schneiden. Alles in eine große Schüssel geben.
Aus Öl, Essig, Gemüsefond, Salz und Pfeffer eine Vinaigrette rühren und unter den Salat mischen. Den Apfel waschen, vierteln, entkernen, klein würfeln und mit den Walnüssen über den Salat streuen.
Die Putenkeule in 2 cm dicke Scheiben schneiden, auf vier Tellern verteilen und mit dem Salat servieren.

Wild

Geräucherter Hasenrücken mit Cranberry-Kompott

4 Portionen
4 Äpfel (Jonagold)
150 g getrocknete Cranberries
1 Nelke
300 ml Wasser
Saft einer halben Zitrone
1 Stange Zimt
1 Zweig Rosmarin
1 frisch geräucherter Hasenrücken
(siehe Seite 56)

Die Äpfel waschen, abtrocknen und schälen, vierteln, entkernen und in kleine Würfel schneiden. Nun die Äpfel, die Cranberries und die Nelke in einen Topf geben. Wasser und Zitronensaft zugießen und alles aufkochen. Danach die Zimtstange und den Rosmarin zufügen. Auf schwacher Hitze etwa 30 Minuten köcheln lassen. Danach den Rosmarin und die Zimtstange herausnehmen.
Den Hasenrücken in dünne Scheiben schneiden und um das Kompott herum anrichten. Dazu schmecken Rösti (siehe Seite 107).

Variation: Statt Cranberries können Sie auch 150 Gramm Preiselbeerkompott aus dem Glas nehmen.

Geräucherte Hirschfilets mit Rosenkohlsalat

4 Portionen
300 g Rosenkohl
Salz
1 Schalotte
10 Walnusskerne
1 TL Rohrzucker
2 EL Sherryessig
2 EL Walnussöl
2 EL Gemüsefond
schwarzer Pfeffer
2 EL Sultaninen
4 frisch geräucherte Hirschfiletsteaks
(siehe Seite 56)

Den Rosenkohl waschen, abtropfen lassen und die äußeren Blätter abzupfen. Die Rosenkohlherzen halbieren und 1–2 Minuten in kochendem Salzwasser blanchieren. Abgießen, kalt abschrecken und abtropfen lassen.
Die Schalotte schälen und klein schneiden. Die Walnüsse grob hacken und in einer unbeschichteten Pfanne rösten. Rohrzucker darüberstreuen und die Nüsse unter Rütteln der Pfanne karamellisieren und abkühlen lassen.
Essig, Öl, Gemüsefond und Schalotte verrühren und mit Salz und Pfeffer abschmecken. Jetzt die Vinaigrette unter die Rosenkohlblätter und die Rosenkohlherzen mischen. Rosinen und Walnüsse darüber streuen und zu den frisch geräucherten Hischfiletsteaks servieren.

Tipp: Rosenkohlsalat schmeckt auch zu Rehrückensteaks (siehe Seite 107).

Geräucherter Wildschweinbraten mit Brombeersauce, Pastinakenpüree und Rosenkohl

8 Portionen

800 g Pastinaken
Salz
1 kg Rosenkohl
200 g Frühstücksspeck
1 EL Butter
Pfeffer
Muskat
Muskatblüte
250 ml Sahne
1 Spritzer Zitronensaft
2 Schalotten
2 EL Olivenöl
500 g Tiefkühl-Brombeeren
200 ml Rotwein
Salz
roter Pfeffer
50 ml Aceto Balsamico, dunkel
Circa 2 kg heiß geräucherter Wildschweinbraten aus der Keule
(siehe „Schweineschulter heißräuchern", Seite 53, aber Pökelzeiten für Wild beachten, Seite 37)

Die Pastinaken waschen, schälen und trocken tupfen. In Würfel schneiden, in einen Topf geben und mit Wasser bedecken. Salz zufügen und die Wurzeln in 15–20 Minuten weich kochen. Den Rosenkohl putzen und am Strunk kreuzweise einschneiden. In Salzwasser 15 Minuten garen. Frühstücksspeck in Streifen schneiden und in der heißen Butter in einer Pfanne braten. Die Hitze verringern und den Rosenkohl zufügen. Mit Pfeffer und etwas Muskat würzen. Abgedeckt warm stellen.
Nun die weich gekochten Pastinaken mit einer Gabel zerdrücken und mit Salz, Pfeffer und Muskatblüte würzen. Die Sahne steif schlagen und unter das Püree heben. Mit frischem Pfeffer und einem Spritzer Zitronensaft abschmecken. Abgedeckt warm stellen.
Die Schalotten schälen und in feine Würfel schneiden, das Olivenöl erhitzen und die Schalottenwürfel darin glasig dünsten. Die Tiefkühl-Brombeeren zufügen, den Rotwein angießen, mit Salz und rotem Pfeffer würzen und 20 Minuten köcheln lassen. Zum Schluss den Aceto Balsamico dazu gießen und nochmals kurz aufkochen lassen. Den frisch geräucherten Wildschweinbraten mit Pastinakenpüree, Speckrosenkohl und Brombeersauce servieren.

Tipp: Diese Beilagen schmecken auch zu Hasenrücken und zu Hirschfiletsteaks (siehe Seite 105).

Geräucherte Rehrückensteaks mit Rotkohl und Rösti

4 Portionen
1 EL Schweineschmalz
1 Dose Rotkohl (580 ml)
1 Stange Zimt
2 Nelken
1 Glas Rotwein
100 g getrocknete Cranberries
Salz
1 Prise Zucker
4 mittelgroße mehlige Kartoffeln
Pfeffer
Olivenöl
4 frisch geräucherte Rehrückensteaks à 150 g (siehe Seite 56)

Das Schweineschmalz in einem Topf erhitzen, Rotkohl, Zimt, Nelken und Rotwein zufügen und circa 15 Minuten schmoren. Eventuell etwas Wasser nachgießen. Während der letzten 5 Minuten die Cranberries zugeben und untermischen. Den fertigen Rotkohl mit Salz und Zucker abschmecken und warm stellen.
Die Kartoffeln waschen, schälen und mit einer groben Reibe reiben. Mit Salz und Pfeffer würzen. Das Öl erhitzen und aus den geriebenen Kartoffeln acht kleine Röstis ausbacken.
Die Rehfiletsteaks mit Rotkohl und Röstis auf vier Tellern anrichten und servieren.

Tofu, Käse, Eier & Co.

Gemüsesuppe mit geräuchertem Tofu

4 Portionen
1 Zwiebel
2 Kartoffeln
6 Petersilienwurzeln
3 Karotten
4 Stangen Sellerie
3 kleine Knoblauchzehen
1 Stange Lauch
3 EL Olivenöl
Salz
1 TL Zucker
1 ½ l Gemüsebrühe
500 g Spinat
Salz
100 g Suppennudeln
3 EL Olivenöl
80 g Keniabohnen
250 g geräucherter Tofu
1 rote Chilischote

Die Zwiebel und die Kartoffeln schälen und grob würfeln. Die Petersilienwurzeln und die Karotten waschen, schälen und grob zerkleinern. Den Sellerie putzen, schälen und in Scheiben schneiden. Den Knoblauch schälen und pressen. Den Lauch putzen, längs halbieren, waschen und in Streifen schneiden.
Das Öl in einem Topf erhitzen, Zwiebeln und Knoblauch bei mittlerer Hitze glasig dünsten. Die Kartoffeln, die Petersilienwurzeln, die Karotten, den Sellerie und den Lauch zugeben und bei milder Hitze 5 Minuten dünsten. Mit Salz und Zucker würzen, mit Gemüsebrühe auffüllen und zugedeckt circa 30 Minuten garen. Die Spinatblätter putzen, die dicken Stiele entfernen und gründlich waschen. In kochendem Salzwasser zehn Sekunden blanchieren, in ein Sieb gießen, abschrecken und gut abtropfen lassen. Den Spinat ausdrücken und klein hacken.
Die Nudeln in Salzwasser nach Packungsanweisung bissfest kochen, in ein Sieb gießen, abtropfen lassen und 1 EL Öl darüber träufeln und mischen. Keniabohnen quer in Streifen schneiden, in kochendem Wasser 2 Minuten blanchieren und abtropfen lassen. Den geräucherten Tofu in 1 cm dicke Würfel schneiden. Die Chilischote putzen, längs halbieren, entkernen und fein würfeln. Das restliche Öl in einer Pfanne erhitzen, die Keniabohnen und den Tofu zugeben, bei mittlerer Hitze 2 Minuten braten und leicht mit Salz würzen.
Die Nudeln und den Spinat in die Suppe geben und einmal aufkochen.
Die Suppe in heiße Teller füllen, die Keniabohnen-Tofu-Mischung dazugeben und sofort servieren. Dazu schmecken geröstete Baguettescheiben.

Paprika mit geräuchertem Ricotta gefüllt

4 Portionen
1 Bund Oregano
2 Zwiebeln
2 Knoblauchzehen
4 EL Olivenöl
500 g gemischtes Hackfleisch
1 EL Tomatenmark
250 ml Hühnerbrühe (Würfel)
1 Dose geschälte Tomaten (425 g)
Salz
schwarzer Pfeffer
1 Prise Zucker
1 Lorbeerblatt
4 grüne Paprikaschoten
50 g Toastbrot
5 EL Olivenöl
100 g geräucherter Ricotta
550 g Ricotta
1 Ei
1 Eigelb
Salz
weißer Pfeffer
1 Bund Petersilie

Den Oregano waschen und trocken tupfen, die Blättchen abstreifen und grob hacken. Die Zwiebeln schälen und sehr fein würfeln. Den Knoblauch schälen und pressen. Das Öl in einer Pfanne erhitzen und das Hackfleisch darin 5 Minuten kräftig anbraten. Die Zwiebeln, den Knoblauch und die Hälfte des Oreganos zugeben und 10 Minuten mitbraten. Das Tomatenmark einrühren, mit Brühe ablöschen und einkochen lassen. Die Tomaten mit dem Saft zum Hackfleisch geben. Mit Salz und Pfeffer würzen, eine Prise Zucker und das Lorbeerblatt zugeben. Mit 250 ml Wasser auffüllen und eine Stunde einkochen lassen.

Inzwischen bei der Paprika einen Deckel mit Stielansatz abschneiden und die Paprika mit einem kleinen Messer entkernen. Das Toastbrot fein würfeln und in einer Pfanne in 3 EL Öl knusprig braten. Den geräucherten Ricotta fein reiben und den frischen Ricotta in einem Tuch leicht ausdrücken. Den Käse, das Ei, das Eigelb, den restlichen Oregano und die Brotwürfel mischen, salzen und pfeffern, die Masse in die Schoten füllen und den Deckel auflegen. Die Sauce in eine feuerfeste Form geben, die Paprika hineinstellen und mit dem restlichen Öl beträufeln.
Im vorgeheizten Ofen bei 180 °C auf der untersten Schiene 40 Minuten garen. Die Petersilie waschen, trocken tupfen und hacken. Die Paprika und die Sauce mit der Petersilie bestreut servieren.

Spinat-Auflauf mit Schinken und geräuchertem Gouda

4 Portionen
750 g Spinat
4 EL Butter
Salz
weißer Pfeffer
Muskat
6–8 Scheiben Graubrot
6 EL Olivenöl
250 g gekochter Schinken, in 2–3 mm dicken Scheiben
200 g geräucherter Gouda
(siehe Seite 59)

Backofen auf 200 °C vorheizen. Den Spinat verlesen, gründlich waschen und abtropfen lassen. 2 EL Butter in einem großen Topf zerlassen und den Spinat zufügen. In 2–3 Minuten unter gelegentlichem Rütteln des Topfes zusammenfallen lassen.
Olivenöl in einer rechteckigen Auflaufform verteilen, den Boden mit den Graubrotscheiben bedecken und darauf den Schinken legen.
Spinat ausdrücken und auf dem Schinken verteilen, mit Salz, Pfeffer und Muskat würzen und die restliche Butter als Flöckchen daraufsetzen.
Den geräucherten Gouda grob reiben und über den Spinat streuen. Den Auflauf 15–20 Minuten im Ofen überbacken.

Calzone mit Fenchelsalami und geräuchertem Mozzarella

4 Portionen

360 g Mehl
1 Tütchen Trockenhefe
7 EL Olivenöl
Salz
2 rote Paprikaschoten
1 Fenchelknolle, circa 150 g
50 g Zwiebeln
2 Knoblauchzehen
30 g getrocknete Tomaten
30 g entkernte schwarze Oliven
350 g Fenchelsalami
1 TL Zitronenpfeffer
250 g geräucherter Mozzarella (siehe Seite 59)
30 g geriebener Parmesan
zusätzlich etwas Mehl für die Arbeitsfläche

Für den Teig das Mehl, die Hefe, 2 EL Olivenöl, 225 ml lauwarmes Wasser und etwas Salz zu einem glatten Teig verkneten und abgedeckt an einem warmen Ort 2 Stunden gehen lassen. Den Teig einmal kurz durchkneten und eine weitere Stunde gehen lassen.

Die Paprika waschen, halbieren, entkernen und mit der Hautseite nach oben auf ein Backblech legen. Auf der oberen Schiene unter dem Backofengrill 6–8 Minuten rösten, bis sich schwarze Blasen bilden. Die Paprikahälften 10 Minuten mit einem feuchten Küchentuch abdecken, häuten und 1 cm groß würfeln. Den Fenchel putzen und sehr fein würfeln. Die Zwiebeln, den Knoblauch und die Tomaten ebenfalls fein würfeln. Die Oliven fein hacken. Alles in einem breiten Topf in 4 EL Olivenöl unter Rühren kräftig dünsten. Die Fenchelsalami in kleine Würfel schneiden. Unter Rühren 4 Minuten garen. Zitronenpfeffer dazugeben, salzen und abkühlen lassen.

Den Mozzarella in kleine Würfel schneiden, in einem Sieb abtropfen lassen und unter die abgekühlte Füllung mischen.

Den Teig in vier gleich große Stücke teilen und auf der mit Mehl bestreuten Arbeitsfläche zu dünnen Teigkreisen (ø 20 cm) ausrollen. Je ein Viertel der Füllung auf eine Seite der Teigkreise verteilen, dabei den Rand frei lassen und mit etwas Wasser bepinseln. Die andere Teigseite über die Füllung klappen, den Rand fest andrücken und mit den Zinken einer Gabel zusammendrücken. Die Teigoberfläche mehrmals einstechen und mit Parmesan bestreuen.

Die Calzone auf ein mit Backpapier belegtes Backblech legen. Im vorgeheizten Backofen bei 250 Grad auf der untersten Schiene 15 Minuten backen. Dazu schmeckt ein gemischter Salat.

Spinat-Salat mit Speck und geräucherten Eiern

4 Portionen
50 g Frühstücksspeck
500 g Spinat
1 Bund Schnittlauch
6 frisch geräucherte Eier
(siehe Seite 59)
6 TL Olivenöl
2 EL Weißweinessig
4 TL Dijon Senf
grobes Meersalz
schwarzer Pfeffer

Den Speck in feine Streifen schneiden und in einer unbeschichteten Pfanne auslassen. Das Fett abgießen und den Speck abkühlen lassen. Den Spinat verlesen, waschen und gut abtropfen lassen. Den Schnittlauch waschen, trocken tupfen und in kleine Röllchen schneiden. Die Eier pellen und vierteln.
Das Olivenöl in einer Pfanne erhitzen und die Zwiebeln darin glasig dünsten, vom Herd nehmen und etwas abkühlen lassen. Senf und Essig verrühren und mit dem Olivenöl zu einer Vinaigrette verquirlen.
Den Spinat in eine große Schüssel geben und die Vinaigrette unterheben. Mit dem Speck mischen und die geviertelten Eier obenauf setzen.

Salat von geräucherten Eiern

4 Portionen
2 Stangen Sellerie
1 Bund Petersilie
4 frisch geräucherte Eier
(siehe Seite 59)
4 EL Mayonnaise
2 TL Dijon Senf
Salz
weißer Pfeffer
2 EL kleine Kapern
1 kleines Baguette

Den Sellerie putzen, waschen, trocken tupfen und in kleine Würfel schneiden. Die Petersilie ebenfalls waschen, trocken tupfen und hacken. Die Eier halbieren und das Eigelb herausnehmen. Mit der Mayonnaise und dem Senf vermischen und mit Salz und Pfeffer abschmecken.
Das Baguette in 3 cm dicke Scheiben schneiden und toasten. Das Eiweiß klein würfeln und mit den Kapern zur Mayonnaise-Mischung geben. Den Sellerie und die Kapern unterheben und auf den getoasteten Baguettescheiben servieren.

Anhang

Grundrezepte von A–Z

Rezepte von A–Z

Sachregister von A–Z

Bezugsquellen für Räucheröfen

Peetz oHG
Bergmecke15
59872 Meschede-Freienohl
http://www.peetz-ohg.de

OSSA Räuchergeräte
Linnwiese 1A
D-57299 Burbach
http://www.heliasmoker.com

Beelonia GmbH
Warendorfer Str. 1
D-48362 Beelen
http://www.beelonia.de

Jenzi fishing performance
Wilhelm-Bahmüller-Straße 53
D-73655 Plüderhausen
http://www.jenzi.com

Bernhard Feldmann
Willscheidweg 4
D-57413 Finnentrop-Fretter
http://www.raeucheroefen.com

Moeck
Maxi-Wander-Straße 46
D-14532 Kleinmachow
http://www.fa.moeck.de

Räuchermax
Hans Jürgen Schulz
Bachstraße 4
D-17033 Neubrandenburg
http://www.räuchern.de

Weber Räuchergrill
http://www.webergrill.de

http://www.raeucheroefen-kaufen.de

http://www.farmergrill.com

Für Räucherzubehör und -holz

http://www.baywashop.de

http://www.fisch-bestellen.de

http://www.mabito.com

http://www.amazon.de

http://www.brennholzking.de

Österreich und Schweiz

Holzeis Smoking Acessory
Gurkgasse 16
A-1140 Wien
http://www.holzeis.com

http://www.alles-fisch.at

http://www.rundumfisch.ch

http://www.askari-jagd.ch

Glossar

Aminosäuren: Eiweißbausteine, die für Stoffwechsel- und Wachstumsprozesse des menschlichen sowie des tierischen Organismus unentbehrlich sind. Manche Aminosäuren stellt der Körper selbst her, andere müssen durch die Nahrung zugeführt werden.

Antibakterielle Wirkung: Verhindert die Entstehung bzw. Vermehrung von Bakterien (einzellige Mikroorganismen).

Antimikrobielle Wirkung: Verhindert die Entstehung bzw. die Vermehrung von Mikroben (alle Mikroorganismen, zu denen u. a. auch Bakterien, Pilze und Viren gehören).

Beizen: Das Einlegen von Lebensmitteln – in erster Linie Fleisch – zur Verbesserung des Geschmacks und zur Haltbarmachung. Man unterscheidet zwischen nasser Beize (Salz- oder Essiglake) und trockener Beize (Salz-Kräuter- oder Salz-Gewürz-Mischung).

Glimmbrand: Entsteht durch das Glimmen von Sägespänen, die z. B. durch eine Gasflamme entzündet wurden. Chemiker nennen diesen Vorgang „unvollständige Verbrennung". Dabei lodern keine Flammen, die feinen Sägespäne oder das Sägemehl glimmt nur. Der heiße Rauch, der dabei entsteht, gart das Räuchergut im Räucherofen.

Marinieren: Das Einlegen von Lebensmitteln zur Geschmacksverbesserung. Meist handelt es sich dabei um Öl-Marinaden, die mit Kräutern versetzt sind. Häufig werden auch Zucker, Gewürze, Honig etc. und alkoholhaltige Getränke verwendet.

Nachreifen: Vorgang, bei dem Kaltgeräuchertes tage- manchmal auch wochenlang an einem kühlen, luftigen Ort hängt und sich während dieser Zeit „entspannt". Während dieser Zeit verdunstet Flüssigkeit und dabei verteilen sich Salz und Räucheraromen gleichmäßig im Räuchergut.

Nitrat: Chemische Verbindung von Stickstoff und Sauerstoff, die im Boden vorkommt. Nitrat ist für die Pflanzenentwicklung notwendig, deshalb wird es in der Landwirtschaft häufig als Dünger eingesetzt. Allerdings kann sich Nitrat in manchen Gemüsesorten (wie Mangold, Spinat oder Rote Beete) durch mehrfaches Aufwärmen in Nitrit verwandeln, das ab einer bestimmten Menge gesundheitsschädlich ist.

Nitrit: Giftige chemische Verbindung. Größere Mengen Nitrit verhindern im Körper, dass das Blut den lebenswichtigen Sauerstoff zu den Zellen transportieren kann. Andererseits ist es Bestandteil von Pökelsalz und wird zum Haltbarmachen von Fleisch verwendet. Dabei ist seine bakterizide Wirkung vor allem gegen die gefürchteten Botulinum-Bakterien wichtig.

Nitritpökelsalz: Kochsalz, dem eine geringe, vom Gesetzgeber vorgeschriebene Menge Natriumnitrit oder Kaliumnitrit beigemischt wurde: 100 g Nitritpökelsalz besteht aus 99,4 g Kochsalz und darf höchstens 0,6 g Nitrit (mindestens 0,4 g) enthalten. Es kommt als fertige Mischung in den Handel und darf nicht selbst gemischt werden.

Nitrosamine: Verbindung von Nitrit und Aminosäuren. Sie kommen in vielen Lebensmitteln (in Bier, Käse, Fischen, Fischprodukten, gepökelten Fleischerzeugnissen etc.) vor. Unbestritten ist, dass Nitrosamine eine ernste Gefahr für Säuglinge bis zu 8 Monaten darstellen und als krebserregend für Menschen aller Altersstufen gelten. Vor allem in gepökelten oder geräucherten Fleischerzeugnissen kann es zur Bildung von Nitrosaminen kommen. In der Industrie wird deshalb häufig zusätzlich Ascorbinsäure (Vitamin C) verwendet, das die Bildung von Nitrosaminen hemmt. Heute ist die Konzentration von Nitrosaminen in den Nahrungsmitteln sehr gering, da vor allem bei Fleischwaren die Nitritkonzentrationen gesenkt wurden. Das gesundheitliche Risiko wird daher als gering eingeschätzt.

Osmose: Komplizierter Vorgang, bei dem zwei durch eine Membran getrennte Flüssigkeiten mit unterschiedlicher Konzentration eines gelösten Stoffes diese auszugleichen suchen. Beim Pökeln heißt das, es dringt Salzlake (die Flüssigkeit mit der höheren Salzkonzentration) durch die Zellmembranen in die wasserhaltigen Fleischzellen (Bereiche mit einer niedrigen Konzentration von Salz), um die Konzentrationsunterschiede des Salzes auf beiden Seiten auszugleichen.

Pökeln: Einlegen von Fleisch in Nitrit-Pökel-Salz (NPS). Dadurch wird es einerseits länger haltbar gemacht, da das Nitrid bakterizid (siehe „antibakteriell) wirkt, zum anderen behält das Fleisch durch die Umrötung (siehe „Umrötung") seine appetitliche rote Farbe und es bekommt den typischen Pökel-Geschmack.

Räucherphasen: „Heißräuchern" besteht aus zwei Phasen: In der ersten Phase wird der Fisch bei etwa 90–120 °C gegart. Bei der zweiten handelt es sich dann um das eigentliche Räuchern. Dabei wird die Temperatur langsam auf etwa 60 °C reduziert, es entwickelt sich Rauch.
„Kalträuchern" besteht ebenfalls aus zwei Phasen, nämlich der Räucherphase, in der das Räuchergut bei 10–25 °C viele Stunden (normalerweise 6–12 Stunden) geräuchert wird, und der Frischluftphase ohne Rauch, die genauso lange dauert. Diese beiden Phasen werden tage- manchmal wochenlang wiederholt.

Trocknen: Nach dem Salzen bzw. Pökeln wird das Fleisch gewaschen und anschließend mehrere Stunden getrocknet. Beim Pökeln nennt man diesen Vorgang in der Fachsprache auch „durchbrennen", was einige Tage dauern kann. Dabei verteilt sich das Pökelsalz im gesamten Fleisch.

Salzen: Einsalzen von Fleisch mit Salz, das kein Nitrit enthält. Beim Salzen findet deshalb auch keine Umrötung des Fleisches statt. Eingesalzenes Fleisch ist nicht so lange haltbar wie gepökeltes.

Schwelrauch: Er entsteht durch das Schwelen von Holzscheiten oder Holzkohle. Auch hier findet eine „unvollständige Verbrennung" statt, das Räuchermaterial brennt nicht, es schwelt nur. Im entstehenden Rauch wird Räuchergut im Räucherofen gegart.

Schüttung: „Kalträuchern" besteht aus zwei Phasen: Räucherphase und Frischluftphase. Für eine Räucherphase werden die Sägespäne oder das Sägemehl (siehe „Smok") in die dafür vorgesehene Lade der Räucherkammer „geschüttet" und der Räuchervorgang wird durch Verglimmen des Smoks eingeleitet. Diesen Vorgang nennt man „Schüttung". Die Schüttung wird während des Räuchervorgangs mehrfach wiederholt.

Smok: Der Begriff bezeichnet Holzspäne oder Holzmehl, also das Räuchermaterial, das den tatsächlichen Rauch (Smoke) erzeugt.

Umrötung: Ist ein anderer Begriff für „Pökeln". Das Nitrit im Pökelsalz stabilisiert durch den chemischen Prozess der „Umrötung" den roten Muskelfarbstoff Myoglobin. Hilfsstoffe wie Zucker oder Ascorbat (das Salz der Ascorbinsäure) begünstigen diesen Vorgang. Beim anschließenden Kochen oder Räuchern behält das Fleisch seine appetitliche rote Farbe.

Richtig räuchern

Räuchergut:

Räuchermethode: ○ heißräuchern ○ warmräuchern ○ kalträuchern

Räucherzeit:

Holzmenge:

Holzsorte:

Räuchertemperatur:

Kräuter und Gewürze:

Bemerkungen:

Schnelle Gerichte die perfekt gelingen
160 Seiten, gebunden, 210 x 260 mm
EUR 19,99
ISBN 978-3-95843-635-0

Dass man ihn auch ohne viel Vorbereitung, spontan und mit nur wenigen Zutaten nutzen kann, zeigen die Rezepte des passionierten „Dopf"-Experten und Grillprofis Marco Ringpfeil. Unglaublich lecker und genauso unaufgeregt und entspannt in der Zubereitung sind seine Gerichte, die gleichsam zur Nachahmung und Improvisation ermutigen: quick & easy.

176 Seiten, zahlreiche Farbfotos, gebunden, 250 x 308 mm
EUR 29,95
ISBN 978-3-95843-365-6

140Seiten, zahlreiche Abbildungen, 183 x 225 mm, Softcover
EUR 16,99
ISBN 978-3-96664-530-0

260 S., 201 Farbfotos, gebunden, 183 x 225 mm
EUR 24,99
ISBN 978-3-95843-172-0

128 S., Paperback, 183 x 225 mm
EUR 18,–
ISBN 978-3-95843-579-7

120 S., zahlreiche Farbfotos, Paperback, 183 x 225 mm
EUR 14,99
ISBN 978-3-95843-477-6

176 S., ca. 150 farbige Abb., 183 x 225 mm, Paperback
EUR 18,–
ISBN 978-3-86852-361-4

144 S., zahlreiche Farbfotos, 203 x 254 mm, Paperback
EUR 19,99
ISBN 978-3-95843-227-7

120 S., zahlreiche Farbfotos, 183 x 225 mm, Softcover
EUR 14,99
ISBN 978-3-96664-523-2

160 S., zahlreiche Farbfotos, 183 x 225 mm, Paperback
EUR 22,–
ISBN 978-3-95843-771-5

Unser komplettes Programm erhalten Sie im Internet unter www.heel-verlag.de und über jede Buchhandlung.